견고한 진을 피하는 영적 진쟁 시리즈 3

가난의 영으로부터
자 유

Overcoming the Spirit of Poverty

by
Rick Joyner

Combating spiritual strongholds series
Overcoming the Spirit of Poverty

by

Rick Joyner

Copyright ®œ 1996 by Rick Joyner
Originally published in English by MorningStar Publications
P O Box 19409
Charlotte, NC 28219-9409 USA
Translated into Korean Language by Byung Soo Kim
Korean copyright ®œ 2002 by Grace Publisher
Seoul Korea All rights reserved

가난의 영으로부터 자유

Overcoming the Spirit of Poverty.

서 문

가난의 영은 사탄이 세상을 속박 가운데 계속 메어 두기 위해 사용하는 가장 강력하고 치명적인 요새들 가운데 하나입니다.

모든 교회와 모든 믿는 자들은 각자가 부르심을 받은 목적들 안에서 걷기 위해 이 원수와 싸우고 또한 승리해야 합니다.

이 요새는 우리를 대적하는 원수의 가장 성공적인 병기들 가운데 하나입니다. 그러나 그 것을 극복하고 물리침으로서 우리는 세상의 가장 긴급한 필요들 가운데 어떤 것들을 해결하기 위해 쓰임받을 수 있게 됨으로서 영적인 권위의 자리를 얻게 됩니다.

이 요새가 허물어진 곳은 어디든지, 마치 가장 혹독한 영적 겨울의 어둠을 몰아내고 다시 꽃피는 봄을 맞이하는 세상을 보는 것과 같습니다.

우리가 가난에 대해서 생각할 때, 우리는 대개 돈이나 경제(economics)를 생각하지만, 가난의 영은 이런 것들과 관계 있을 수도 있고 또한 관계 없을 수도 있습니다.

가난의 영은 우리가 십자가에서 얻은 승리의 충만함 가운데서, 또는 그리스도 안에서 우리의 상속인 축복의 충만함 가운데서 살아가는 것으로부터 우리를 격리시킬 목적으로 구출된 요새입니다.

이것은 우리 결혼생활의 질에서부터 사역을 위해 우리가 가진 기름부으심에 이르기까지 모든 것과 관련될 수 있으며, 그 외에도 우리가 행하도록 부르심을 받은 것을 위해 우리가 필요로 하는 어떤 다른 자원들과도 관련될 수 있습니다.

가난의 영의 목표는 우리를 단지 어떤 물질(things)들로부터 격리시키는 것이 아니라, 하나님의 뜻으로부터 격리시키는 것입니다. 이것을 행하기 위하여, 사탄은 심지어 엄청난 부를 우리에게 제공해줄 수도 있습니다. 그러나 우리의 삶은 그럼에도 불구하고 마치 우리가 가난한 것처럼 공허함과 염려로 가득차게 될 것입니다.

어둠의 역사를 패배시키기 위한 첫 걸음은 그 것을 이해하는 것입니다. 그리고 우리는 그러한 것들과 관련하여 하나님께서 말씀하신 것을 우리 삶에 반드시 적용해야 합니다.

사탄은 "어둠의 왕자"로 불리워지는데, 어둠은 그의 지배 아래 있기 때문입니다. 그의 주된 전략은 우리를 격리시켜 하나님 말씀의 빛을 못보도록 하는 것입니다.

그러므로 어떤 것에 대해 이해의 빛이 비추일 때는 언제든지 그것을 지배하던 사탄의 권위는 깨트려지게 됩니다.

사탄은 오직 어둠이 있는 곳이나 하나님의 진리에 대해 무지함이 있는 곳만 지배할 수 있기 때문에, 진리는 사탄의 권능을 깨트립니다.

이것이 바로 예수님께서 "진리를 알찌니 진리가 너희를 자유케 하리라"(요한복음 8:32) 라고 말씀하신 이유입니다.

주 예수님과 교회는 "세상의 빛"(요한복음 8:12, 마태복음 5:14을 보십시오) 으로 불리워집니다. 예수님은 "마귀의 일을 멸하시려"(요한1서 3:8)고 오셨습니다. 그리고 그분이 마귀의 일을 멸하신 방법은 어둠 속에 빛을 비추이는 것이었습니다.

그분께서 빛 가운데 걸으셨듯이 우리가 빛 가운데로 걸어갈 때, 우리도 역시 마귀의 일을 멸할 것입니다.

> **주님께서는 (마귀의) 견고한 진들을 깨뜨리도록 우리에게 신적인 강력한 병기들을 주셨습니다.**
> **(고후 10:4을 보십시오).**

견고한 진들은 성경에서 정사(principalities) 라고 불리우는 것에 의해 유지됩니다. 우리는 악령들을 추방할 수 있습니다. 그러나 우리는 정사들과는 반드시 씨름을 해야만 합니다 (엡 6:12)을 보십시오.

씨름(wrestling)은 상대방과 가장 근접한 전투의 형태인데, 그것은 우리가 우리의 원수인 정사를 추방하려고 할 때 요구되는 것과 동일한 것입니다.

정사들은 우리가 단지 그들에게 명령한다고 해서 금방 도망가진 않을 것입니다. 우리는 그들을 노출시키는 빛 가운데서 걸음으로써 반드시 그들을 밀어내야 합니다.

기름부으심으로 선포된 진리는 존재하는 가장 강력한 무기입니다. 그리고 그것이 우리에게 위임되어져 있습니다.

가난의 영으로부터 자유케 되는 것에 대한 우리의 목표는 우리가 필요로 하거나 원하는 것들을 단순히 우리가 가질 수 있게 되기 위해서가 아니라, 우리가 육체적 또는 영적인 타락으로부터의 방해받는 일 없이 하나님의 뜻을 행할 수 있기 위해서입니다.

세상이 우리가 가진 자유를 보게 될 때, 세상은 우리가 가진 해답에 대해 묻기 시작할 것입니다.

우리가 가난의 영의 속박에서 벗어나 자유케 될 때,

우리의 자유는 영적인 영역에서 뿐만 아니라, 자연적인 영역에서 드러나게 될 것입니다.

영적인 권위는 자연적인 영역에서도 동일하게 항상 지배력을 가지게 됩니다. 마치 주님의 영적인 권위가 그분이 병든 자를 치유하시고, 죽은 자를 살리시며, 그리고 심지어 음식물을 증가시키심으로 드러났었던 것처럼 말입니다.

우리가 가난의 영의 멍에로부터 진실로 자유케 되었다는 증거들 가운데 한 가지는 재정적인 독립입니다. 재정적 독립은 우리가 부유하다거나, 우리가 원하는 어떤 것을 구입할 수 있다는 것을 반드시 의미하지는 않습니다.

그것이 의미하는 바는 모든 재정적인 멍에로부터 우리가 자유하고, 그래서 우리는 오직 하나님의 뜻이 무엇인가에 근거하여 모든 일을 결정해야 하며 우리가 얼마나 많은 돈을 가지고 있거나, 혹은 가지고 있지 못하거나 하는 것에 기초해서 결정해서는 안된다는 것을 의미하는 것입니다.

우리가 많이 가지는 것이 하나님의 뜻일 수 있으며, 적게 가지는 것도 하나님의 뜻일 수 있습니다.

사도 바울처럼, 만일 우리가 비천에 처하거나 풍부에 처할지라도, 그것이 우리를 위한 하나님의 뜻이라면 우리는 만족해야 하는 것입니다.

이것이 바로 핵심구절입니다. "그것이 우리를 위한 하나님의 뜻이라면" 만일 그것이 그분의 뜻이 아니라면 우리는 비천에 처하는 것도 원치 아니하며, 풍부에 거하는 것도 원하지 않습니다.

우리 삶 가운데 있는 어떤 악한 요새로부터 자유케 되는 열쇠는 하나님의 뜻을 아는 것입니다.

교회가 전례없이 막대한 부요를 다루기 위해 준비되는 것은 중요합니다.

열방의 부요가 교회로 옮겨지게 될 것임을 암시하는 예언적인 성경구절이 많이 있습니다. 이것은 하나님 나라의 진보를 위한 위대한 기회가 될 것입니다. 그러나 그것은 또한 하나님 나라가 전진한 결과로서 오게 될 것입니다.

그러나 우리가 기억해야 할 것이 있는데, 이 시대의 마지막에 가장 위대한 시험들 중 얼마는 경제적인 것과 관련한 것이 될 것이라는 사실입니다. 이것이 바로 짐승의 표는 경제에 관한 표인 이유인데, 그리고 그것은 우리가 무엇을 사거나 팔고 또 무역하는 것을 결정하게 됩니다.

만일 우리가 가난의 영의 멍에로부터 자유케 되지 못했다면 우리가 부를 소유하게 될 때, 그것은 오직 우리를 더욱 타락시키게 될 것입니다.

마침내, 가장 엄청난 경제적 시련들이 온 세상에 임하여 오게 될 때, 신실한 사람들은 흔들리지 않는 반석 위에 서 있게 될 것입니다. 그것이 바로 지금 많은 사람들이 경제적인 시련들을 통과하고 있는 이유입니다.

그런 모든 어려움들은 우리를 자유케 하기 위해 의도된 것들입니다. 그것들은 시험입니다. 그리고 하나님의 시험들은 우리를 더 높은 위치로 승격시킬 목적으로 있는 것입니다.

지금은 우리가 그런 것을 통과해야 할 때입니다. 그렇게 할때 우리는 계속해서 보다 나은 것들로 나아갈 수 있는 것입니다.

우리가 재정적으로 독립한 상태가 되기 위해 목표를 설정하는 것은 피할 수 없는 것입니다. 왜냐하면 그것이 그분의 자녀들 개개인들에 대한 그분의 뜻이기 때문입니다.

그분의 자녀들 중 어느 누구도 이 세상의 멍에에 속박받지 않는 것이 그분의 뜻입니다. 우리를 재정적인 독립상태에 도달하게 하고, 또 우리로 하여금 그 상태를 유지하게 하는 분명한 성경적인 전략이 있습니다. 만일 우리가 그것을 충실하게 따르기만 한다면 우리는 그 두 가지를 성취할 수 있을 것입니다.

그러므로 우리는 반드시 재정적인 독립을 추구해야 합니다. 그러나 우리가 항상 기억해야 할 것이 있는데, 그것은 하나의 수단이지, 그 자체로써 목적이 아니라는 것입니다.

하나님 안에서 우리의 목적인 무엇인지 알지 못한 채, 재정적으로 독립하게 되는 것은 마치 마땅히 가야 할 곳도 없으면서 옷을 잘 차려입는 것과 비슷한 것입니다.

이 요새로부터 자유케 되는 것은 우리가 그분의 뜻을 행할 수 있는 상태가 되기 위한 목적 때문입니다.

그 목적을 올바르게 이해하는 것이야말로 하나님의 말씀에 충실하고자 하는 동기의 일부분을 우리에게 제공해 줄 것입니다.

그래서 나는 우리의 목적을 성취하는 것에 관한 주제로 한 부분을 할애하여 이 소책자를 끝맺었습니다.

가난의 영으로부터 자유

서 문

제1부 감옥에서 나와 자유하라 / 19

제2부 열방의 부를 취하라 / 37

제3부 그리스도인의 경제학 (1) : 청지기의 기술 / 45

제4부 회개 (1) : 왕국의 권위를 받으라 / 57

제5부 회개 (2) : 가장 치명적인 원수 / 73

제6부 그리스도인의 경제학 (2) : 순종 / 87

제7부 진리의 귀결 / 101

제8부 당신의 목적을 성취하라 / 115

제 1 부

감옥에서 나와 자유하라!

하나님 나라와 지금 이 시대 사이에 있는 가장 근본적인 충돌들 가운데 하나는 후자는 노예제도 위에 구축되어 있지만, 주님께서는 사람들을 자유케 하시려고 오셨다는 것입니다. 사탄이 행하는 모든 일은 우리에게 속박의 멍에를 증가시키려는 목적으로 의도된 것입니다.

주님이 행하시는 모든 것은 우리를 자유케 하시고자 의도된 것입니다.

우리가 시대의 종말을 향해 나아감에 따라, 이 두 왕국사이에 있는 차이점들이 끊임없이 드러나게 될 것입니다.

하나님의 나라에서 살아가는 자유를 우리는 어떻게

얻습니까? 이것이 바로 모든 믿는 자들의 추구입니다.

일단 우리의 삶은 (하나님의) 나라 안에 견고하게 구축되어 있습니다. 우리는 원수의 요새들을 무너뜨리고 원수의 포로된 자들을 자유케 하기 위해 노력해야 합니다.

우리의 전쟁에서 우리가 언제나 기억해야 하는 사실이 있는데, 그것은 노예제도와 자유 사이에 충돌이 있다는 것입니다. 만일 당신이 그리스도 예수께 속해 있다면 당신은 자유케 되기 위해 부름받은 것입니다!

> "그리스도께서 우리로 자유케 하려고 자유를 주셨으니 그러므로 굳세게 서서 다시는 종의 멍에를 메지 말자" (갈라디아서 5:1)

주님께서 자신의 피로 우리를 사셨습니다. 우리는 만왕의 왕에게 속해 있습니다. 그분이 우리를 부르신 것은 우리가 하나님의 아들이 되어, 그분과 함께 공동상속자가 되도록 하기 위해서입니다.

우리는 대사들로서, 그리고 우리는 가장 지고한 귀족, 가장 높은 서열의 왕족, 하나님의 직계(own) 가족의 일원으로 행동함으로서 그분의 왕국을 드러내기 위해서 부르심을 받았습니다.

이렇게 하기 위해서, 우리는 반드시 이 악한 세대의 멍에로부터 자유케 되어, 그분의 멍에만을 져야 합니다.

> "수고하고 무거운 짐진 자들아 다 내게로 오라 내가 너희를 쉬게 하리라 나는 마음이 온유하고 겸손하니 나의 멍에를 메고 내게 배우라 그러면 너희 마음이 쉼을 얻으리니 이는 내 멍에는 쉽고 내 짐은 가벼움이라 하시니라" (마태복음 11:28~30)

멍에는 속박을 나타냅니다. 사람들은 계속해서 어둠과 억압가운데 속박하는 멍에들이 있습니다. 이러한 멍에들은 대개 자유의 모습(form of freedom)을 띄고 있지만, 결국은 가장 무시무시한 고통들을 초래하게 됩니다.

이와는 대조적으로 주님의 멍에는 처음에 속박처럼 보이지만, 결과적으로 우리가 알 수 있는 가장 위대한 자유로 귀결됩니다.

우리 모두는 둘 중 어떤 멍에이든 하나는 지게 될 것입니다. 우리는 오늘날 이 악한 세대의 멍에들을 지게 되거나, 아니면 주님의 멍에를 지게 될 것입니다. 우리가 만일 주님의 멍에를 지려고 한다면, 우리는 반드시 원수의 모든 멍에를 벗어던져버려야 합니다. 우리는 결코 두 주인을 섬길 수 없습니다.

우리가 누구의 멍에를 지는가 하는 것이 이 세상에서 우리가 섬기고 드러내는 것이 될 것입니다.

우리는 그리스도인임을 스스로 단언할 수 있습니다. 그러나 우리가 만일 이 악한 시대의 방식을 따라 우리의 삶을 살아가고 있다면, 우리는 악의 권세들을 섬기고 있는 것입니다.

> "간음하는 여자들이여 세상과 벗된 것이 하나님의 원수임을 알지 못하느뇨 그런즉 누구든지 세상과 벗이 되고자 하는 자는 스스로 하나님과 원수되게 하는 것이니라 너희가 하나님이 우리 속에 거하게 하신 성령이 시기하기까지 사모한다 하신 말씀을 헛된 줄로 생각하느뇨. 그러나 더욱 큰 은혜를 주시나니 그러므로 일렀으되 「하나님이 교만한 자를 물리치고 겸손한 자에게 은혜를 주신다 하였느니라」 그런즉 너희는 하나님께 순복할지어다 마귀를 대적하라 그리하면 너희를 피하리라 하나님을 가까이 하라 그리하면 너희를 가까이 하시리라 죄인들아 손을 깨끗이 하라 두 마음을 품은 자들아 마음을 성결케 하라" (야고보서 4:4~8)

거기에는 타협이 있을 수 없습니다. 만일 우리가 세상에 매여 있다면 우리는 세상을 섬기고 있는 것입니다. 만일 우리가 주님께 매여 있다면, 우리는 그분 한 분만 섬길 것입니다.

우리가 이 시대의 마지막을 향해 나아갈수록 차이점들은 더욱 더 극명하게 드러나려 하고 있으며, 그리고 두 왕국 사이의 전쟁은 더욱 격렬해지려 하고 있습니다.

그러나 이 모든 것들은 우리를 자유케 할 목적으로 일어나고 있습니다! 일어나는 모든 일들은 결국 주님께서 점도 없고 흠도 없이 주님을 위해 예비된 신부를 소유하는 것으로 귀결될 것입니다.

이 시대의 마지막에 엄청난 고통들이 세상에 임하게 될 것이라고 성경은 명백히 밝히고 있습니다.

비록 우리는, 대환란전에 우리가 휴거될 것으로 믿는다고 할지라도 주님께서 하신 말씀은 단지 "산고의 시작"에 지나지 않습니다. 이 말씀은 우리가 어려움에 대비하여 반드시 준비되어 있어야 한다는 사실을 분명히 해줍니다.

어려움들에 대한 우리의 준비는 먼저 하나님 나라를 추구하는 것이며, 하나님 나라에서 사는 것입니다. 또한 언제나 하나님 나라를 드러내는 것입니다.

그리고 이렇게 하는 것은 단순히 왕께 순종하는 삶입니다.

만일 우리가 이렇게 하는 것에 신실하다면 우리가 환난을 통과하게 될 것이라고 믿든지, 통과하지 않게 될 것이라고 믿든지에 상관없이, 우리는 마지막 시대의 어려움들에 대해 두려움을 가지지 않게 될 것입니다.

하나님의 나라는 흔들릴 수 없습니다. 그리고 만일 우리가 그 위에 우리의 삶을 건축해 왔다면, 우리 또한 결코 흔들리지 아니할 것입니다.

지금 우리에게 임해오는 모든 어려움들은 우리의 삶을 하나님의 나라 위에 건축하도록 우리를 돕는 것입니다.

"하나님의 집에서 심판을 시작할 때가 되었나니"
(베드로전서 4:17)

우리가 '심판'이라는 말을 들을 때, 우리는 그것을 종종 주님의 궁극적이고 최종적인 분노에 의해 야기된 파괴와 같은 것으로 생각합니다. 만일 우리가 성경이 원래 기록된 원어로 읽어본다면, 우리는 이런 식으로 느끼지 않을 것입니다.

여기에서 크리시스(krisis) 즉, 심판(judgement)

으로 번역된 헬라어는 우리가 사용하는 영어의 "crisis (위기)"를 파생시킨 단어입니다.

"crisis"의 정의는 "환자가 살게될 것인지 죽게 될 것인지가 이미 정해졌을 때, 질병 가운데 있거나 충격을 받는 상태"입니다.

그래서 위의 성경 구절은 "하나님의 집에 위기가 시작할 때가 되었나"라고도 번역될 수 있었던 것입니다.

이 말은 세상이 위기를 통과하기 전에 교회가 위기를 통과하게 될 것이라는 의미입니다.

하나님은 이것을 허락하셔서 세상이 위기를 통과할 때, 우리는 굳고 견고해진 땅 위에 서게 될 것입니다. 이것이 바로 야고보가 다음과 같이 기록한 이유입니다.

> "내 형제들아 너희가 여러 가지 시험을 만나거든 온전히 기쁘게 여기라 이는 너희 믿음의 시련이 인내를 만들어내는 줄 너희가 앎이라 인내를 온전히 이루라 이는 너희로 온전하고 구비하여 조금도 부족함 없게 하려 함이라" (야고보서 1:2~4)

여기에서 우리는 시련은 인내를 낳고 그리고 인내는 우리를 온전함으로 인도해주며 그래서 우리가 모든 것에 부족함이 없게 되는 것을 보게 됩니다. 이것이 참된 성경적인 번영입니다.

> "땅과 거기 충만한 것과 세계와 그 중에 거하는 자가 다 여호와의 것이로다"(시편 24:1)

비록 그것이 지금 현재는 타락 때문에 속박에 매여 있을지라도, 주님께서는 이 세상을 되찾으시려고 하십니다. 우리는 그분의 침략군(invasion force)의 한 부분이 되도록 부르심을 받았습니다. 그러나 우리는 이 전쟁에서 오직 한 쪽에만 있을 수 있습니다.

우리는 지금 어떤 방식으로든 우리로 하여금 하나님 나라의 길들을 타협하도록 하는 원수의 모든 멍에들로부터 자유케 되어야 합니다.

우리가 지금 통과하고 있는 모든 시련들은 우리로 하여금 모든 멍에로부터 자유케 되도록 돕기 위해 의도된 것들입니다.

주님은 경제에 관하여나 인간의 다른 문제들에 대해 최소한의 조금도 염려하시지 않습니다.

우리는 하늘 영역에 그분과 함께 앉혀지도록 부르심을 받았습니다. (에베소서 2:6)을 보십시오.

우리 주님은 자신이 친히 행하시려는 것을 하기 위한 자원들이 결코 부족하지 않습니다. 우리 또한 그분이 우리가 행하도록 원하시는 것을 행하기 위한 자원들도 언제나 부족하지 않을 것입니다.

1. 짐승의 표와 하나님의 표

"돈을 사랑함이 일만 악의 뿌리"가 되기 때문에(딤전 6:10) 돈은 인간의 마음속에 있는 궁극적인 쟁점들 가운데 얼마를 시험합니다. 우상 숭배는 하나님께 대한 궁극적인 범죄들 가운데 하나입니다. 돈은 오늘날 이 세상의 주된 우상들 가운데 하나입니다.

우상은 단지 사람들이 두려워하거나 숭배하는 어떤 것이 아니라, 그들이 자기들의 신뢰를 두는 것입니다.

돈은 그 자체로서는 악이 아니지만, 우리는 돈이 선과 악에 대한 우리 삶의 전 과정을 결정해버리는 한 요인이 될 수 있다는 것과 얼마나 관련되어 있는지요.

많은 신실한 그리스도인들이 여전히 돈과 관련하여 그들의 마음속에 우상을 가지고 있는데, 왜냐하면 그들은 그들의 직장이나 은행구좌를 하나님을 신뢰하는 것보다 더욱 신뢰하기 때문입니다.

마지막 시대에 사람들의 삶에 다가오게 될 최종적인 시험들 가운데 하나는 "짐승의 표"를 둘러싼 문제가 될 것입니다. 그리고 그것은 그(짐승)의 체제 아래서 우리가 사고 팔거나, 무역할 수 있는지를 결정하는 경제적 표라는 사실을 우리가 알고 있기 때문에, 우리는 지금 우리가 살고 있는 이 시대에서 이 것과 직면하는 것을 피할 수 없는 것입니다.

계시록 7장1~3절에서 네 천사가 하나님의 종들(bondslaves)의 이마에 인을 칠 때까지 땅의 사방 바람을 불지 못하도록 붙잡기 위해 보내진 것을 보게 됩니다.

믿는 자들은 이 짐승의 표가 어떻게 출현하게 될 것인가를 이해하려고 엄청난 양의 시간을 소모해 왔습니다. 그러므로 그들은 그것으로 인해 어리석게 되지는 않을 것입니다. 그러나 우리는 어떻게 하나님의 표를 받을 것인가에는 거의 주목해 오지 않았습니다. 그것이 무엇인지 우리가 알든 모르든 관계없이 우리가 짐승의 표를 받지 않게 되는 유일한 방법은 하나님의 표를 받는 것입니다.

만일 우리가 하나님의 표를 받았다면 우리는 결코 원수의 표를 받는 것에 대해 두려움을 갖지 않을 것입니다.

땅을 휘몰아쳐버리도록 운명지워진 강력한 군대인 이 천사들은 하나님의 종들이 인을 받기까지 땅의 바람들을 제지했습니다.

이 하나님의 인을 이해하는 열쇠는 종에 대해 정확히 이해하는 것입니다.

마치 짐승의 표를 이해하는 것이 그 짐승의 표를 받은 사람이 누구를 섬기는지를 이해하는 것과 동일합니다. 실제로 그들은 짐승을 섬기는 것입니다.

2. 노예가 자유케 될 때

모든 믿는 자들이 종(bondservants)인 것은 아닙니다. 많은 자들이 자신들의 죄를 위한 예수님의 희생에 대해 진실로 이해하게 됩니다. 그러나 그들은 여전히 계속해서 자신들을 위한 삶을 살아갑니다.

우리는 죄의 종이었으며, 십자가로 구속함을 받았습니다. 우리가 그리스도의 것이라면, 우리는 더 이상 우리 자신의 소유가 아닙니다. 우리는 그분의 소유입니다. 종(bondslave)은 자신을 위해 살지 않고 자기 주인을 위해 삽니다.

이러한 헌신은 단순히 어떤 성경적인 원칙들에 대해 지적인 동의만을 의미하는 것이 아닙니다.

그것은 순종의 급진적 생활방식으로의 헌신입니다.

종은 자기 자신의 어떤 돈이나 시간을 가지고 있지 않습니다. 그리고, 그는 그러한 이유로 주인이 그에게 맡긴 것을 마음대로 써버릴 수 없는 것입니다.

그것은 그의 것이 아니기 때문입니다. 심지어 그의 가족들조차 그의 주인에게 속해 있습니다.

자발적으로 노예가 되는 것은 이 세상에서 성취될 수 있는 최종적이고 궁극적인 헌신입니다. 그것이야 말로 진정으로 십자가를 포옹하는 것입니다. 진실로 하나님께만 매여있는 종(bond-slaves)인 사람들은 하나님의 표를 받게 될 자들입니다.

비록 주님께서 자신의 피로 우리를 구속하셨을지라도 어느 누구에도 자기의 종이 되라고 강요하시지 않으실 것입니다. 성경에 보면, 종은 자유케 될 수 있는 자였습니다. 그러나 그의 주인을 너무나 사랑해서 그는 자신의 남은 여생동안 주인의 종이 되기를 선택하는 것입니다. 우리도 마찬가지로 우리가 하나님의 종이 될 것인지 안될 것인지 선택할 자유가 있습니다.

하나님은 우리가 하나님을 섬길 것인지, 섬기지 않을 것인지 우리가 선택하도록 허락해 주십니다. 왜냐하면 마음으로부터 우러나오는 진정한 예배나 진정한 순종을 위해서는 자유가 요구되기 때문입니다. 만일 불순종할 자유가 없다면, 마음에서 우러 나오는 순종이 있을 수 없는 것입니다.

하나님께서 동산에 지식나무를 두셨던 이유는 누구를 섬길 것인지 선택할 수 있는 자유를 사람에게 주기 위해서였습니다.

이것은 사람을 타락하도록 하기 위해서가 아니었습니다. 오히려 그렇게 함으로 사람은 자신의 헌신을 증명해 보일 수 있도록 하기 위해서였습니다. 주님께서 원하셨던 모든 것이 단순히 복종뿐이었다면, 그분은 컴퓨터를 창조하셔서 자신만을 경배하도록 프로그램을 만드는 것이 더 나았을 것입니다.

만일 이러한 경배가 누군가에게 수용되어 질 수 없다면, 그것은 우리 영광스러운 창조주께는 더욱 수용되어 질 수 없지 않았겠습니까?

우리는 계속 우리 자신을 위해 살아갈 자유가 있습니다. 그러나 그것은 궁극적으로 어리석은 짓입니다.

우리는 우리의 모든 필요에 대한 공급의 원천(source)으로서 주님을 알아야 하며 우리의 믿음을 그분에게 계속 두어야 합니다.

이 시대에 우리의 생존에 대한 열쇠는 종이 되는 것입니다. 모든 주인들은 자기 종들에게 가장 믿을 만한 주인을 소유하고 있습니다. 그분의 그분의 것들을 돌보아 주실 것입니다.

주님의 종이 되는 것은 그분의 노예(slave)가 되는 것입니다. 그러나 그것은 또한, 이 땅에서의 삶에서 우리가 알 수 있는 가장 위대한 자유입니다.

우리가 그분의 멍에를 짊어짐으로 그분과 연합될 때, 우리는 그분이 죽으신 것처럼 이 세상에 대해 죽게 됩니다.

우리가 이 세상에 대해 진실로 죽을 때, 이 세상이 우리에게 할 수 있는 것은 아무 것도 없습니다. 죽은 사람이 두려워 하거나, 화를 내거나 또는 그가 자신의 소유들 가운데 얼마를 잃어버림으로 자책감을 느끼는 것은 불가능합니다.

우리가 우리의 소유물이나 지위를 잃어버리게 될까 우리가 두려워하는 정도는 아마도 우리가 그러한 것들에 대해 여전히 죽어있지 않은 정도를 나타냅니다.

원수는 두려움을 사용하여 우리를 묶는데, 마치 주님께서 믿음을 사용하셔서 우리를 자유케 하는 것과 동일합니다.

우리가 오직 그리스도께 대하여서만 살아있고 이 세상에 대해 죽을 때, 우리가 그분을 소유할 때, 이 세상의 모든 보물들은 하찮게 보이고 대수롭지 않아 보이게 됩니다.

우리가 그분의 보좌 위에 만왕의 왕과 함께 앉아 있

을 때, 이 세상에 있는 어떤 지위가 우리를 거기서 끌어내릴 수 있겠습니까?

이것은 우리가 이 땅에서의 우리의 직업이나 사역을 성실한 마음으로 돌보지 말아야 함을 의미하는 것이 아닙니다.

우리는 그것들을 돌보아야 하는데, 왜냐하면 주님께서 그것들을 우리에게 맡기셨기 때문입니다. 그리고 우리는 주님을 예배하듯이 그 일들에 종사하는 것입니다.

만일 이 땅에서 우리의 지위가 우리에게서 거두어질지라도 우리는 여전히 그분과 함께 앉아 있으며, 그리고 우리는 그분께서 우리를 그 다음으로 부르시는 어떤 방식으로든 그분을 예배할 것입니다.

그리스도께서 우리의 생명이며, 우리의 신뢰이며, 그리고 우리 마음의 진정한 갈망이 될 때, 그분께서는 우리가 다스리도록 부르심을 받은 이 땅의 부와 지위들을 우리에게 맡기실 수 있는 것입니다. 그러나 만일 그분께서 우리의 생명, 우리의 신뢰, 그리고 우리 마음에서 우러 나오는 갈망이 아니라면, 우리의 소유물들과 지위들은 필연적으로 우리를 지배하게 되는 것입니다. 누가 혹은 무엇이 우리를 지배하든지 사실상 우리를 지배하는 주체가 우리의 주가 됩니다.

우리는 지금, 예수님의 주되심이 교리 이상의 것이 되어야 하는 시대로 들어가고 있습니다.

예수님의 주되심이 심오해야 하며, 또한 우리의 삶에서 끊임없는 실제가 되어야 합니다. 그 때 비로소 우리는 진정으로 자유케 될 것입니다. 우리가 완전히 주님께 매일 때, 이 악한 세대의 모든 멍에들을 벗어 버리므로, 그 때 주님은 주님 나라의 무한한 자원들을 우리에게 자유롭게 맡기실 수 있게 되는 것입니다.

제 2 부

열방의 부를 취하라

물리학의 법칙에서 에너지는 결코 소멸되지 않고, 형태만 변한다고 말합니다. 부도 동일합니다. 부는 결코 소멸되지 않습니다. 하지만 그 부를 취하는 손들은 변합니다.

심지어 대공황 기간중에도 부는 조금도 줄어들지 않았습니다. 그것은 그 시대를 유리하게 이용할 수 있는 어떤 위치에 있는 사람들에게로 옮겨졌을 뿐입니다.

그리고 이 위치에 있던 사람들은 채무가 없고 즉시 사용할 수 있는 현금을 소유한 자들이었습니다. 많은 사업장들이 원래 가치의 10퍼센트 가격의 적은 돈으로 팔려졌습니다.

땅은 한 에이커당 단돈 1달러의 가격으로 팔렸습니

제 2 부 열방의 부를 취하라.

다.빚을 내서 자신들의 삶의 영역을 과도하게 확장했던 사람들로부터 부가 취하여져서, 자신들의 능력한도 안에서 살아가던 지혜로운 사람들에게로 옮겨졌던 것입니다.

우리는 지금 대공황보다도 훨씬 더 엄청난 경제적 대격변을 향해 나아가고 있습니다. 그것이 금년에 오게 될지, 또는 10년 이내에 오게 될지 또는 그보다 더 후에 오게 될 지도 모릅니다. 그러나 그것은 오게 됩니다.

그것에 대해 준비가 되어 있지 않는 자들은 참혹한 형편에 처해지게 될 것입니다. 준비된 자들은 그 시기를 유리하게 이용하여 전례가 없었던 부를 다스리게 될 권위를 받게 될 것입니다.

우리는 지금 여러 가지 문제들로 인해 이것에 대해 준비되어지고 있는 것입니다.

그분은 우리가 지금 통과하도록 허용하시고 있습니다. 시편기자가 현명하게 훈계했던 대로입니다.

> "이로 인하여 무릇 경건한 자는 주를 만날 기회를 타서 주께 기도할지라 진실로 홍수가 범람할지라도 저에게 미치지 못하리라" (시편 32:6)

주님께서는 더 높은 곳으로 우리를 밀어올리기 위해 의도된 여러 가지 문제들을 우리가 지금 통과하도록 허용하시고 있습니다.

비록 우리가 모든 것들에 대해 줄곧 충실해 왔을지라도, 때때로 주님께서는 여전히 우리가 문제를 통과해 나가도록 허락하시는데, 마치 요셉에게 하셨던 것처럼 하십니다.

그렇게 하심으로 그분은 심지어 그분의 풍요 이상을 우리를 신뢰하여 맡기실 수 있는 것입니다.

요셉처럼, 우리는 우리가 받게 될 풍요를 철저하게 다룰 수 있도록 준비되고 있습니다. 그래서 그것은 닥쳐올 기근의 때 동안 생명들을 구할 수 있는 것입니다.

주님께서는 주님의 백성들이 다가올 상황들을 사용할 준비가 갖추어지길 원합니다.

그것은 단지 우리가 부유하게 되기 위해서가 아니라, 그분의 복음을 위해서입니다.

우리를 가난의 영에 계속 매이게 하는 한 가지 근본적인 약점이 이기심입니다.

주님께서 더 많은 것들을 우리에게 맡기시게 될 때, 우리의 동기가 가장 결정적으로 중요합니다.

주님께서는 바로 지금 다가오려고 하는 것들에 대해 자기 백성들을 준비시키고 있습니다. 주님께서는 자신의 교회들에게 25년 이상 동안이나 채무를 청산하라고 경고해 오고 있습니다.

그분은 우리가 그렇게 할 수 있도록 충분한 시간을 주셨습니다. 하지만 큰 격변의 경제적 문제들이 발생하는데 매우 긴 시간이 걸렸기 때문에 많은 사람들이 이 재앙을 무시해 왔습니다.

아직도 회개하고 우리의 가정들을 적절한 상태로 바로잡을 만한 시간이 있습니다. 그러나 결코 지체해서는 안됩니다.

순종하는 사람들은 닥쳐올 일들로부터 두려워 할 아무것도 없을 것입니다.

그러나 그들은 기근의 한 가운데서 믿음으로 번영을 기대할 수 있습니다. 계속 불순종하는 자들은 그것에 대해 무시무시한 대가를 치르게 될 것입니다.

1. 감옥으로 돌아가지 말라

우리는 치르어질 수 있는 가장 비싼 값인 어린 양의 피로서 구속함을 받았습니다.

"빚진 자는 채주의 종이 되기" (잠언 22:7) 때문에, 우리가 채무를 지게 될 때, 우리는 우리 자신을 다른 사람의 종이 되도록 팔게 됩니다. 우리가 그리스도의 것이라면 우리는 팔 수 있는 우리 자신의 소유가 아닙니다. 우리가 채무를 지게 되면, 하나님께 속한 것을 실제로 우리가 팔고 있는 것입니다.

이 말은 무엇을 위해서도 우리는 결코 채무를 지지 말아야 한다는 의미일까요? 원칙적으로 그렇다고 말할 수 있습니다.

그러나 우리는 이해해야 할 것이 있는데, 우리는 율법 아래 살고 있지 않다는 것이며, 그리고 원칙과 율법 사이에는 차이가 있다는 사실입니다. 율법은 깨트려질 수 없습니다. 그러나 원칙에는 예외가 있습니다.

이 말은 우리가 원할 때는 언제든지 원칙들을 등한시 할 수 있다는 의미가 아닙니다. 이 말이 의미하는 바는 그렇게 하기 위해 우리는 매우 분명하게 주님으로부터 들어야 할 필요가 있다는 것을 의미합니다.

가령 예를 들어서, 내가 어떤 사람들을 알고 있는데 수년 전 그들은 집을 위해 빚을 내지 말아야 하는 것을 느꼈습니다. 비록 저당이 임대료보다 적었고, 그리고 그 집은 가격이 오르는 장세에 있었는데도 말입니다.

그 때 나는 이러한 채무는 허용될 수 있는 것이라고 느꼈습니다. 그러나 그들은 의견이 달랐습니다.

지금 이 사람들은 여전히 임대해서 살고 있는데, 그

때 그들이 살고 있었을 때 보다 훨씬 더 많은 임대료를 지불하고 있습니다.

특별히 그들의 양심이 그들이 그렇게 하는 것을 허락하지 않았다면, 그것은 아직도 여전히 그들이 그 집을 구입했어야 했다는 것을 반드시 의미하지는 않습니다.

많은 사람들이 "피차 사랑의 빚 외에 아무에게든지 아무 빚도 지지 말라"(로마서 13:8)는 말씀을 우리가 타협할 수 없는 강조된 계명이라고 믿고 있습니다. 그러나 그것이 강조된 계명이라면, 왜 그분께서는 달란트의 비유에 나오는 어리석은 종을 그분의 돈에 대하여 최소한의 관심도 없다는 이유로 채찍질하셨습니까?

어떤 상황에서든지 돈을 빌리는 것이 죄라면, 이자를 주면서까지 우리에게 돈을 빌리라고 독려하고자 하셨겠습니까?

옛 언약에서 이스라엘 백성들은 그들의 돈을 이자를 받고 그들의 형제들에게 빌려주지 말라는 명령을 받았지만, 이것은 다른 사람들에게 이자를 받고 돈을 빌려주는 것과는 관계가 없었습니다. 그리고 그것이 바로 유대인들이 역사상 가장 뛰어난 은행가들이었던 이유입니다. 그럴지라도 원칙으로 (율법이 아니라),

주님으로부터 받은 분명하고 직접적인 인도하심 없는 어떤 이유로 빚을 지지 않는 것이 더 좋은 것입니다.

우리는 반드시 채무에서 벗어나야 하며, 채무에서 벗어난 상태를 유지해야 합니다. 그러나 우리가 잠시 동안 달리 그렇게 하도록 분명히 허용되었을 때는 예외입니다.

제 3 부

그리스도인의 경제학 (1)

1. 청지기직의 기술

그리스도인 경제학은 주님께서 우리를 위해 계획해 놓으신 단순한 성경적인 수순에 순종하는 선한 청지기의 기술입니다.

성경에서 강조하여 말하는 부와 재산에 대한 중요한 관점은 우리는 청지기 정신을 가져야 된다는 것입니다. 그리고 그것은 우리 시대를 위한 중요한 강조점이 되어야 합니다.

주님께서 달란트 비유에서 분명히 하셨듯이 (마태복음 25:14~30)을 보십시오. 우리는 주님께서 우리에게 맡기신 모든 것을 가장 이익이 남는 방법으로 사용하고자 노력해야 합니다.

우리가 우리의 자연적 자원들보다 우리의 영적인 은사에 더 많은 강조점을 두는 것은 옳은 일입니다.

그러나, 이 비유에서 자주 지나쳐버리는 것은 주님께서 말씀하셨던 달란트의 종류는 돈에 관해서였다는 사실입니다. 성경시대에 달란트(talents)는 통화의 한 가지 형태였습니다. 분명히 우리는 이 비유의 문자적 해석을 또한 배제해서는 안됩니다. 누가복음 16:9~13에 기록되어 있듯이 우리는 주님으로부터 오는 또 다른 연관된 훈계를 가지고 있습니다.

> "내가 너희에게 말하노니 불의의 재물로 친구를 사귀라 그리하면 없어질 때까지 저희가 영원한 처소로 너희를 영접하리라. 지극히 작은 것에 충성된 자는 큰 것에도 충성되고 지극히 작은 것에 불의한 자는 큰 것에도 불의하리라 너희가 만일 불의한 재물에 충성치 아니하면 누가 참된 것으로 너희에게 맡기겠느냐 너희가 만일 남의 것에 충성치 아니하면 누가 너희의 것을 너희에게 주겠느냐 집 하인이 두 주인을 섬길 수 없나니 혹 이를 미워하고 저를 사랑하거나 혹 이를 중히 여기고 저를 경히 여길 것임이니라 너희가 하나님과 재물을 겸하게 섬길 수 없느

니라" (누가복음 16:9~13)

우리가 하나님과 재물을 겸하여 섬길 수 없다는 것은 우리가 돈을 벌겠다는 동기를 하나님을 섬기는 동기와 결합시킬 수 없다는 것을 의미합니다. 돈을 사랑하는 것이 사역을 신속하게 타락시킨다는 증거가 모든 역사를 통하여 충분히 많이 있습니다.

그러나 우리는 이 말씀에 있는 주님의 교훈의 첫 번째 부분을 제외시키지 말아야 합니다.

그것은 바로 우리가 "불의의 재물로 친구를 사귀어야" 할 필요가 있다는 것입니다.

여기에서 주님은 우리에게 재물과 친구가 되라고 말씀하시는 것이 아니고, 친구를 사귀기 위해 재물을 사용하라고 말씀하시는 것입니다.

주님께서는 이 구절들에서도 분명히 하시는 것이 있는데 그것은 우리에게 하나님 나라의 진정한 부요가 맡기워 질 수 있게 되기 전에, 우리는 세상의 것들(worldly goods)에게 충실할 것을 배우지 않으면 안 된다는 것입니다.

올바른 영을 유지하는 동안 불의한 재물을 적절하게 다루기 배우는 것은 모든 그리스도인들에게 중요한 것입니다.

제 3 부 그리스도인의 경제학(1)

 이 세상의 영과 하나님 나라 사이의 궁극적인 충돌이 경제적인 문제들과 "사고 파는"(계 13:17) 능력을 중심으로 돌아가기 시작할 때, 지금 이렇게 하는 것을 배우는 것은 이 권고를 한층 더 비판적으로 만들 것이며 아울러 시기 적절한 것으로 만들 것입니다.

2. 원천을 확인하라

 만일 번영이 당신의 첫 번째 목표라면, 당신은 그것을 당신에게 제공해 주는 자를 섬기게 될 것입니다.
 사탄이 예수님께 약속했던 것처럼, 만일 당신이 그를 경배하려고 엎드려 절하게 되면, 그것이 바로 그의 방식을 따라 사는 것이고 하나님께서 당신에게 약속하신 모든 것을 그가 당신에게 줄 것입니다.
 예수님은 세상 나라의 모든 것들에 대해 이미 약속을 받아 놓으셨습니다.
 사탄의 유혹은 쉬운 길을 취하게 하여, 십자가로 가지 않고 그 약속을 얻도록 하는 것이었습니다.
 사탄은 하나님께서 당신에게 주시기 원하는 모든 것을 당신에게 주겠다고 약속할 것이고, 그리고 그는 또한 당신에게 그 약속한 것을 얻기 위한 보다 빠르고 쉬운 길을 보여줄 것입니다.

사탄은 지금 이 세대의 지배자이며, 그는 그렇게 할 수 있습니다.

짐승의 표를 받는 것이 심판을 초래하는 죄는 아닙니다. 죄는 짐승을 경배하는 것입니다. 그 표는 단지 어떤 사람이 짐승을 줄곧 섬겨오고 있다는 증거입니다.

우리가 만일 표 받기를 거부한 채, 짐승의 방식을 따라 계속 우리의 삶을 살아간다면 우리는 심판으로부터 벗어날 수 있을까요?

물론 그렇지 않습니다. 표에 대해서 그토록 관심을 가지는 것보다는 차라리, 어떻게 우리가 짐승의 방식들을 섬기게 되는 건지에 관해 관심을 가져야 하는 것입니다.

짐승의 표는 하나님의 표가 실제적(literal)인 것이 아니고 영적인 것인 것처럼 많은 사람들이 믿도록 인도받아온 것보다 훨씬 더 포착하기 어려운 것일 것입니다.

비록 짐승의 표가 실제적인 것일지라도, 우리가 그것을 받지 않는 유일한 길은 하나님의 종(bond-servants)의 표를 받는 것입니다.

이것이 바로 이 시대의 사건들이 바람을 붙들고 있는 네 천사들에 의해 억제되어온 이유입니다.

하나님은 지금 진정한 종들을 만들고 계십니다.

3. 짐승의 멍에

오늘날 기독교인들의 삶 가운데서 그들이 하나님의 부르심에 응답하는데 자유롭지 못한 가장 주된 이유는 아마도 경제적인 부채때문일 것입니다.

어떤 일을 하도록 부르심을 받게 될 때, 전임사역자가 되는 것에서부터 선교여행을 가는 것에 이르기까지, 우리가 우선적으로 고려하는 것은 우리가 그것을 할 만큼 경제적으로 여유가 있는가 또는 그렇지 않은가 하는 것입니다. 이것은 우리가 하나님의 뜻보다 우리의 재정적 상태가 우리를 더 지배하고 있음을 단적으로 보여주는 것입니다.

이것은 또한 우리가 주님의 말씀을 듣고 순종하기보다 오히려 우리가 지금 이 시대의 토대들 위에 우리의 삶을 얼마나 많이 건축해 왔는지를 보여주는 것입니다.

우리 모두를 위해서 이것은 바뀌어져야 합니다. 신속히 바뀌어져야 합니다. 그리고 우리의 상황은 바뀔 수 있습니다!

주님께서 순종하려는 사람들을 위해 벗어나는 길을 제공하시려고 합니다.

우리가 얼마나 불순종해 왔으며 어리석었는지 또는 지금 우리의 상황이 얼마나 나쁜가 하는 것에 관계없이, 우리가 회개하면 주님은 우리를 건져내 주실 것입니다. 우리 하나님은 진실로 전능하신 분이십니다. 그분이 우리를 도우실 때 성취될 수 있는 것에 제한이 없습니다.

그분의 백성들이 공격해오는 원수의 무리의 덫에 걸렸을 때, 그분은 놀라운 기적들 가운데 얼마를 행하시면서 기뻐하십니다.

우리가 믿음으로 주님을 부르면, 그분은 우리를 자유케 하기 위해서 그렇게 하셔야 한다면 바다를 가르실 것입니다.

그러나 참된 믿음은 우리가 지금까지 행해오고 있는 모든 잘못된 것에 대한 참된 회개와 함께 시작되는 것입니다.

회개는 단순히 "잘못했다"는 고백만을 의미하는 것이 아닙니다. 그것은 또한 우리가 행하던 잘못된 길에서 돌아서는 것을 의미하는 것입니다.

C.S 루이스가 지적했듯이, 우리가 한 번 방향을 잘못 잡고 틀린 길을 내려가기 시작하면 그 길은 결코

옳은 길이 될 수 없습니다.

우리가 옳은 길로 돌아오는 유일한 방법은 우리가 방향을 잘못 잡았던 곳으로 되돌아가는 것입니다.

주님은 우리가 우리의 길을 바꾸지 않았으므로 신속하게 속박으로 미끄러져 되돌아가도록 하기 위해 우리를 건져내시기 원하는 것이 아닙니다.

그러므로 참된 회개는 그분으로 하여금 응답하도록 하는 참된 믿음의 증거입니다.

4. 재정적인 독립을 성취하는 것

채무에서 벗어나고, 채무가 없는 상태에서 머무르고 그리고 재정적으로 독립하기 위한 분명한 성경적인 과정이 있습니다.

재정적 독립에 대한 성경적 정의는 당신이 재정적인 고려에 기초해서 결코 뭔가를 결정을 내릴 필요가 전혀 없이 단순히 하나님의 뜻에만 기초해서 결정을 내리는 것입니다. 모든 그리스도인들이 이 조건에서 살아가야 하는 것입니다. 이것이 바로 우리의 가장 우선되고, 가장 중요한 경제적 목표가 되어야 하는 것입니다.

우리의 지금 재정적인 상태가 얼마나 나쁜 가에 관계없이 거기에서 벗어날 수 있는 분명한 길을 제공해 주는 매우 단순한 성경적 공식이 있는데, 바로 이것입니다.

회개 + 순종 = 자유

우리는 우리가 분명한 성경의 교훈들로부터 벗어났던 어떤 길들을 인정함으로 출발해야 합니다. 그리고 그 때 우리는 재정관리를 위한 분명하고 단순한 성경적 교훈들에 순종하기 시작해야 합니다.

우리가 그렇게 한다면, 우리는 우리의 현 상태에서 벗어나게 될 것이고 우리가 이 때까지 꿈꾸어 왔던 것보다 더 좋은 자유의 삶을 살기 시작하게 될 것입니다.

5. 잘못된 조치

우리 중 대부분의 사람들은 우리의 상황으로부터 벗어날 수 있는 방법은 돈을 더 많이 버는 것이라고 생각합니다. 그러나 그것은 재정적인 문제들에 대해, 거의 해답이 되지 못합니다. 오히려 사태를 더욱 악화시킬 수 조차 있습니다.

제 3부 그리스도인의 경제학(1)

재정적인 독립을 위한 하나님의 계획은 우리가 지금 버는 것보다 더 많은 돈을 버는 것이 아닙니다. 그리고 아마도 그분은 우리에게 계시를 주셔서 우리로 하여금 복권에 당첨되도록 하시지는 않으실 것입니다.

재정적인 독립을 이루기 위한 어떤 다른 방법이 있다고 우리는 생각하지 않을 수 있습니다. 그러나 다른 방법이 있습니다.

만일 하나님께서 빵과 물고기를 증가시킬 수 있다면, 그분이 그렇게 하시길 원하시는 한, 우리가 지금 하고 있는것은 무엇이든지 가능케 하실 수 있습니다.

우리가 해야 할 모든 것은 그분이 우리에게 맡기신 것들을 관리하기 위해 성경을 통해 우리에게 주신 단순하고도 분명한 교훈들에 순종하는 것입니다.

우리가 지금 가지고 있는 것에 대해 우리의 신뢰성을 증명했을 때, 주님께서는 관리할 더 많은 것들을 우리에게 주시겠다고 약속하십니다. 기억하십시오. 그분이 그것을 우리에게 주시는 것은 우리가 관리하기 위함이지 소유하기 위해서가 아닙니다.

우리는 그분의 종입니다. 그러므로 우리는 우리 자신의 것은 어떤 것도 소유하지 않습니다. 그 모든 것은 주님의 것이고, 그리고 우리는 그분이 우리에게 허락해 주시지 않는다면, 우리는 그것을 우리 마음대로

써버리지 말아야 합니다.

만일 우리가 다시금 속박으로 되돌아가게 되는 것을 피하기 원한다면 우리는 반드시 이 관점을 항상 유지해야 합니다.

이 주제를 계속 진행해나가기 전에

그리스도인 경제에 관한 주제를 우리가 계속 진행해 가기 전에 우리는 중요하고 관련된 주제에 대해 전념해야 할 필요가 있습니다.

사탄이 교회를 무능케 하려고 시도했던 여러 영역들에서, 교회는 아직도 여전히 상처를 입은 채로 있습니다. 이 상처들은 앞으로 오게 될 것을 위해 교회가 반드시 능력을 가져야 하는 바로 그 영역들입니다.

그러므로 교회는 이러한 영역들에서 지금 반드시 치유 받아야 합니다.

제 4 부

회개 (1)

1. 왕국의 권위를 받으라

재정적인 독립을 위한 공식은 「회개 + 순종 = 자유」임을 기억하십시오.

이 부분은 회개와 관계가 있는데, 그것은 우리들 가운데 대부분은 우리가 순종하도록 요구되는 것이 무엇인지 심지어 이해할 수 있기 전에 반드시 행해져야 할 회개입니다.

2. 권능의 그릇이 되라

우리가 나음을 입은 것은 주님께서 채찍에 맞으심에 의해서입니다. 그분께서 상처를 입으신 바로 그 자리에서 그분은 치유의 능력을 받으셨습니다. 그 원칙은 우리에게도 역시 동일하게 적용됩니다.

원수들이 우리를 치도록 허락된 바로 그 자리에서 한 번 우리가 치유 받게되면 우리는 같은 영역에서 치유의 권능을 받게 됩니다. 예를 들어보면, 학대를 받은 적이 있는 사람은 같은 문제들을 가지고 고통받아 온 사람들에게 민감해지게 됩니다. 그래서 학대받는 자들에 대한 그들의 동정심(긍휼)은 주님의 치유 능력을 풀어낼 수 있는 것입니다.

진정한 영적 권위는 다른 사람을 긍휼히 여기는 동정심 위에 기초해 있습니다. 주님께서 사람들이 목자 없는 양과 같은 상태임을 보셨을 때, 그분은 그들의 목자가 되셨습니다.

긍휼히 여기는 마음은 하나님의 권능을 풀어놓습니다. 우리가 우리의 삶 가운데서 고통받아온 모든 상처들은, 우리로 하여금 같은 방식으로 고통받아온 다른 사람들을 향해 민감해지고, 동정심을 품도록 하게 하려는 목적 때문이었습니다.

그렇게 하여 주님께서 우리를 통하여 주님의 치유 권능을 풀어낼 수 있게 하기 위해서였던 것입니다.

이 지구상에 있는 거의 모든 사람들은 이 세상의 재정적인 멍에에 속박되어 왔으며, 그리고 온갖 모양의 횡령과 속임수로부터 재정적인 상처를 받아왔습니다.

주님께서는 수많은 사람을 억압하는 원수의 재정적인 능력을 파쇄하고 그들을 자유케 하기 위해 자신의 교회를 사용하시려고 합니다.

그분은 원수들이 이 영역에서 자신의 교회를 상처 주도록 허락해 오셨는데, 교회가 민감해지고 긍휼히 여기는 마음을 갖도록 하기 위해서였습니다. 그래서 우리가 다른 사람을 자유케 하도록 도울 수 있는 것입니다.

우리가 다른 사람들을 치유하는데 쓰임 받을 수 있기 전에 우리는 우리 자신의 상처로부터 반드시 치유함을 받아야 합니다.

제사장이 되기 위한 요구 조건들 가운데 하나는 상처 딱지(scabs)를 가져서는 안된다는 것이었습니다 (레위기 21:20)을 보십시오.

상처 딱지는 치유받지 못한 상처의 흔적의 결과입니다. 상처 딱지를 가지고 있는 자는 그 부분에서 지나치게 예민해서 누군가가 그들을 접촉할 수 없습니다.

제 4 부 회개 (1)

이것과 마찬가지로 우리의 치유받지 못한 상처는 그 영역에서 사람들이 우리에게 가까이 접근해 오는 것을 막습니다.

이것은 우리의 사역을 필요로 하는 사람들을 위해 우리가 중재할 수 있는 상태로부터 우리를 분리시킵니다.

그러므로 영적인 상처 딱지들(scabs)은 우리를 우리의 가장 중요한 사역으로부터 자격을 박탈할 수 있습니다.

심지어 우리가 상처받았던 동일한 장소들에서 우리가 치유의 권능을 받을 수 있을지라도, 우리의 상처들은 반드시 먼저 치유되어져야 합니다.

상처 자국(scars)들은 남을 수 있습니다. 그리고 그것은 계속해서 조금 민감할 수도 있습니다. 그러나 그것은 아무도 우리에게 접근할 수 없을 정도로 민감하지는 않습니다.

상처 자국의 민감성(The sensitivity of scars)은 상처의 딱지(scabs)의 그것과는 차이가 있습니다. 상처의 자국들(scars)은 우리로 하여금 다른 사람들에게 있는 아직도 치유되지 못한 상처들을 분별하도록 충분히 민감하도록 우리를 도와 줍니다.

3. 벗어나는 길

우리가 지금 처해져 있는 재정적인 속박에서 벗어나는 첫 번째 원칙은 취하는 것이 아니라, 주는 것입니다. 만일 당신이 이 말에 움츠려든다면, 그 것은 반드시 치유되어져야 할 어떤 상처가 있다는 증거입니다.

우리의 적수는 자기의 어둠의 영역을 수천 년 동안 지배해오고 있는 지혜를 소유하고 있습니다.

그리고 그는 자신의 가장 커다란 무기들로 가장 중요한 주제들을 지혜롭게 공격해 왔습니다. 그는 성경에 있는 가장 중요한 어휘들 가운데 어떤 것들을 취했는데 가령 "거룩(holiness)" "복종(submission)" 그리고 "주는 것(giving)" 등의 어휘들입니다.

그리고 그는 그 어휘들을 심지어 그리스도인들에게조차도 혐오감을 일으키도록 했습니다.

그러나 이러한 진리들은 극복하는 사람들에 의해 회복되게 될 것입니다.

교회가 강탈당해 온 것은 사실입니다. 강간(rape)은 어떤 사람에 대한 근원적이고 가장 심각한 폭력행위입니다. 그러므로 강간은 한 여자가 회복하기에 가장 어려운 상처들 가운데 하나입니다.

교회는 마약 상용자(hype)와 조종하는 것, 그리고

제 4 부 회개 (1)

지배하는 영을 가진 사람들에 의해 반복해서 강간당해 왔습니다.

만일 주님께서 이것을 제지하실 수 있으셨다면, 그분은 왜 그렇게 하시지 않으셨습니까? 만일 그분이 그것을 제지하실 수 있었다면, 무엇 때문에 사랑의 아버지께서 자신의 딸이 강간당하는 것을 허용하셨을까요?

우리의 천부께서는 자신의 아들을 그토록 부당하게 십자가에 못박혀 죽으시도록 허용하셨습니다. 왜냐하면 그분께서는 더 높은 목적이 있으셨기 때문입니다. 그분의 목적은 이 지구에서 모든 강간을 영원토록 제거하기 위해서 최종적으로 자신의 아들을 사용하는 것인데, 이것은 교회를 통하여 역사하게 됩니다.

우리가 반드시 이해해야 하는 것이 있는데, 주님께서 허락없이는 우리에게 나쁜 일이 일어난 것이 없다는 것입니다.

주님은 우리를 정말 사랑하십니다. 우리가 우리의 자녀들을 사랑하는 것보다도 더욱 우리를 사랑하십니다.

그분은 우리에게 유익하지 않는 어떤 것 그리고 그분의 전체창조의 더 높은 선을 위해 유익하지 않는 어떤 것을 우리에게 일어나도록 한 적이 없습니다.

우리는 우리의 상처들에 대해 실쭉거리는 것을 멈

취야 합니다. 그리고 그것들은 우리를 상처나게 한 바로 그 사람들에 대한 권위를 받을 수 있기 위하여, 그리고 그들에 의해 피해를 입은 다른 사람들을 위한 치유의 그릇들이 될 수 있기 위하여 허용되어졌던 것들입니다.

이것이 사도 바울이 다음의 글을 기록한 이유입니다.

> "내가 이제 너희를 위하여 받는 괴로움을 기뻐하고
> 그리스도의 남은 고난을 그의 몸된 교회를 위하여
> 내 육체에 채우노라" (골로새서 1:24)

이 성경구절은 그리스도의 사역이 완성되지 않았음을 의미하는 것이 아닙니다.

여기서 "남은(lacking)"으로 번역된 단어는 "뒤에 남은(left behind)"으로 번역되어 질 수 있었습니다.

그 의미는 화해를 제외하고는 그분이 행하셨던 것과 동일한 이유로 그분이 우리로 하여금 고통을 통과하도록 허용하시는 것입니다.

우리의 고통들은 또한 세상 안으로 구속의 권위(redemptive authority)가 풀어져 들어가는 것을 돕기 위해 의도된 것들입니다.

제 4 부 회개 (1)

이것이 바로 바울이 자신의 권위를 옹호할 때, 그는 자신의 고난들을 지적했던 이유입니다.

믿는 자가 견디는 모든 고난에는 구속적인 목적이 있습니다.

주님께서 비록 자신의 신부가 강간되도록 허용하셨을지라도, 그분은 위대한 기적을 행하시려고 합니다. 그분은 거듭 거듭 강간당해 왔으며, 또 다른 때는 매춘부와 놀아났던 교회를 취하시려 합니다. 그리고 다시금 순결하고 정숙한 처녀로 회복하려 하십니다.

그녀(she: 교회)가 가장 심각하게 학대받았던 바로 그 곳에서 교회는 치유 받게 될 것이고 그리고 그 때 다른 사람들을 치유하는 능력을 받게 될 것입니다.

주님께서는 또한 마지막 날들을 위한 사역을 일으키시려고 하고 있는데, 그 사역은 결코 주님의 신부를 다시금 강간하지 않을 것입니다. 그 사역들은 하나님의 나라를 위해 영적인 내시(eunuchs)들이 될 것입니다.

내시는 신부에 대한 욕망을 가지는 것조차 불가능합니다. 그의 모든 목적은 왕을 위해 신부를 준비시키는 것입니다. 그리고 그의 만족은 왕이 만족하는 것을 보는 것에서 오게 됩니다.

그것이 앞으로 도래하게 될 사역의 본성이 될 것입

니다. 그들은 교회로부터 취하기 위해 사역에 임하지 않을 것이고 교회를 섬기기 위해 사역에 임할 것입니다.

> **마지막 때가 되기 전에 주님을 온전히 따르는 자들이 일어나게 될 것입니다. 그러나 교회가 그들을 신뢰하기까지는 적지 않는 시간이 요구 될 것 입니다.**

많은 믿는 자들이 더 이상 주는 것을 거절함으로 재정적인 남용들(financial abuses)에 반응해 왔습니다. 이것은 이해할 수 있습니다. 그러나 그들이 이런 태도에서 벗어날 때까지, 그들은 재정적인 속박에 매여 있게 될 것입니다.

주는 것이 기독교의 기초이며, 그리고 우리의 돈을 주는 것은 우상숭배의 속박의 권능에서 자유케 되는 근본적인 방법들 가운데 하나입니다.

그러므로 이러한 주제들은 그토록 상처받아온 사람들을 위해서 타협함 없이 반드시 거론되어져야 합니다.

오늘날 우리는 우리의 모든 영적인 상처들로부터 자유케 되어 결코 그것들을 되돌아보지 않고 줄곧 인내할 수 있습니다. 그것들이 우리의 남아있는 삶에 영향을 미칠 필요는 없습니다. 벗어나는 방법은 십자가

제 4 부 회개 (1)

인데, 그리고 그것은 용서함으로서 드러나게 됩니다.

우주에는 가장 강력한 두 존재가 우리를 죽이려고 시도하고 있는데, 하나님과 사탄입니다.

그들 중 하나는 우리를 죽이게 될 것입니다.

당신은 누가 그것을 해주기를 원합니까? 우리는 우리의 상처와 우리에 대해 부당하게 범해진 것들에 매여 있을 수 있으며, 그렇게 해서 사탄으로 하여금 우리를 죽이게 할 수 있습니다.

그렇지 않으면, 우리는 십자가로 가서 용서하고 또 용서받을 수 있습니다.

그렇게 함으로서 하나님으로 하여금 우리를 죽이시게 할 수 있는 것입니다.

이것은 우리 모두가 반드시 결정해야 할 선택입니다. 그리고 각각의 이득(benefits)이 있는데 하나씩 살펴보도록 합시다.

만일 사탄으로 하여금 우리를 죽이도록 한다면, 거기에는 우리가 고려해 보아야 할 필요가 있는 가리워져있는 이면이 종종 있습니다.

그는 그 일을 매우 빨리 행할 것입니다. 그리고 그것이 매우 빠르기 때문에, 거기에는 어느 정도 강력한 통증이 있을 수 있습니다.

십자가도 아프게 합니다!

우리는 또한 우리를 학대한 사람들에 대해 복수하려는 계획들을 포기해야 할 것입니다. 우리는 심지어 하나님께서 그들을 심판하시는 것을 보려고 하는 갈망마저도 포기해야 할 것입니다.

우리는 완전히 용서해야 되며, 그리고 실제로 우리를 핍박한 자들을 위해 기도해야 합니다. 우리는 심지어 우리의 원수들을 사랑하기까지 해야 할 것입니다! 그분은 우리가 마치 그분이 그렇게 하셨듯이 "아버지, 저들을 용서하여 주시옵소서." 라고 말하기까지 우리를 십자가로부터 면제시키지 않으실 것입니다.

가장 위대한 문제들 가운데 하나는 우리의 용서와 사랑이 심지어 우리 원수들 중 몇 사람을 주님께로 나오도록 할 수도 있으며, 그렇게 되면 우리는 그들과 함께 영원토록 살아야 할 것입니다!

주님께서 우리를 죽이시도록 하는 것의 유익들은 차라리 호소이지만, 그것은 사람의 환경이 우리에게서 결코 빼앗아가지 못하는 평강, 원한보다 훨씬 더 좋은 감정의 사람, 모든 것 중에서 가장 최선의 것인 그분과 우리 아버지와 그리고 그분의 모든 천사들과 우리의 사랑하는 사람들과, 그리고 심지어는 전에 우리의 원수였던 자들 중의 몇 몇 사람들과 함께 하는 영원한 생명을 가지라는 호소인 것입니다.

우리가 부활의 권능을 알 수 있는 유일한 방법이 있는데, 그것은 바로 죽는 것입니다. 우리는 날마다 죽기 위하여 부르심을 받았습니다. 그러나 우리는 또한 약속을 받았는데, 우리가 만약 그렇게 한다면 우리는 우리의 날마다의 삶에서 부활의 권능을 경험하게 될 것입니다.

우리 모두는 천국에 가기를 원합니다. 그러나 우리가 천국에 가기 전에 주님께서는 우리가 천국의 얼마를 이 땅에 가져오길 원하십니다.

우리는 사람이 가질 수 있는 가장 고귀한 부르심을 받았습니다. 우리는 하나님 나라의 대사들이 되도록 부르심을 받았습니다.

이것이 의미하는 바는 우리는 하나님의 나라를 드러내는 행보를 해야 한다는 의미입니다. 그렇지 않습니까?

4. 마지막 전투

주님께서는 "추수때는 세상 끝이요"(마태 13;39)라고 말씀하셨습니다. 추수는 악하고 선한 뿌려진 모든 것을 거두어 들이는 것입니다.

우리는 또한 "가라지는 먼저 거두어진다"(마태 13;30)는 사실을 성경에서 읽습니다. 주님은 자신의 집에서 심판을 시작합니다.

왜냐하면 그분 자신의 백성들이 세상과 똑같은 죄악의 상태에서 살아가고 있다면 그분은 세상을 심판하실 수 없기 때문입니다.

심판이 임할 때, 그분의 백성들과 세상 사이에는 구별이 있을 것이지만, 그분의 백성들이 그들과 다르기 때문에 구별이 있게 될 것입니다.

여기서의 논점들은 우리가 어떤 재정적인 압박들로부터 벗어나거나 또는 모든 채무들로부터 벗어나거나 하는 것보다 훨씬 더 크고 중요합니다.

이것은 단순히 재정적인 독립에 관한 것만이 아닙니다. 이것은 우리의 우상을 깨뜨리고, 진정한 하나님의 예배자가 되는 것, 즉 신령과 진정으로 그분께 예배드리는 사람들이 되는 것에 관한 것입니다.

또한 이것은 우리 시대의 엄청난 어둠에 직면하기 위한 견고한 토대를 가지는 것입니다.

우리는 단순히 지금 이 악한 세대의 표준, 욕망 그리고 정욕과 방법들과 함께 동시에 하나님 나라의 표준과 방법을 따라 살아갈 수는 없습니다.

이 말은 우리가 집이나 자동차 또는 텔레비전을 가

질 수 없다는 것을 의미하는 것이 아닙니다.

  이 말이 의미하는 바는 우리가 가지도록 허락된 것을 가진다는 것입니다.

  이 말은 또한 우리는 "복음을 위하여 모든 것을 행함은 복음에 참예하고자 함" 임 (고전 9:23)을 의미하는 것입니다. 그리고 어떤 중요한 결정을 하는데 있어서 우리의 첫 번째 고려는 우리 주님의 뜻을 따르는 것이 되도록 하는 것입니다. 우리는 또한 그분의 말씀인 성경에 분명히 기록되어 있는 것을 지금 행함으로 출발해야 합니다.

제 5 부

회개 (2)

성경을 보면 악마는 많은 명칭을 가지고 있습니다. 그러나 그중에서도 가장 효과적인 위장은 의심할 바 없이 "우리 형제들을 참소하던 자"(계시록 12:10) 입니다.

그는 우리가 연합하게 될 때, 그가 할 수 있는 일이 거의 없어진다는 사실을 교회보다 더 잘 알고 있는 것 같습니다.

그러므로 우리에 대한 그의 첫 번째 전략은 우리로 하여금 분열된 상태를 유지하도록 하는 것입니다.

이렇게 하기 위한 그의 가장 성공적인 계략은 우리가 서로를 비난하도록 야기시키는 것이었습니다.

그는 비난의 영(critical spirit)을 풀어냄으로 서로

제 5부 회개(2)

를 비난하도록 하는데, 그 비난의 영은 흠잡는 것 (criticism)을 방출시킵니다.

비판은 또한 우리가 우리의 삶 안으로 가난의 영을 풀어내는 가장 좋은 방법입니다. 주님께서는 이사야 5:8~9절에서 만일 우리가 우리 삶 가운데서 이러한 비판의 영을 제거해 버린다면, 몇 가지 주목할 만한 약속을 해 주셨습니다.

> "그리하면 네 빛이 아침같이 비췰 것이며 네 치료가 급속할 것이며 네 의가 네 앞에 행하고 여호와의 영광이 네 뒤에 호위하리니 네가 부를 때에는 나 여호와가 응답하겠고 네가 부르짖을 때에는 말하기를 내가 여기 있다 하리라, 만일 네가 너희 중에서 멍에와 손가락질과 허망한 말을 제하여버리고"

여기서 우리에게 약속되어 있는 것은 만일 우리가 우리 가운데 있는 "손가락질과 허망한 말이라고 표현되어 있는 비판의 멍에를 제거한다면, 우리에게 빛이 비추어질 것이고, 우리의 치유가 급속히 임할 것이며, 주님의 영광이 우리를 호위해 줄 것이며, 그리고 그분께서 우리의 기도에 응답해 주시겠다는 것입니다.

우리 가운데서 흠잡는 영(비판하는 영: the critical

spirit)을 제거하는 것보다 교회와 개개인의 믿는 자들의 삶을 그 만큼 급속하게 변화시키는 것은 아마도 아무것도 없을 것입니다.

그 흠잡는 영을 제거하는 가장 좋은 방법은 우리의 비판을 중보기도로 바꾸도록 하는 것입니다. 주님께서는 언제나 중보하시기 위해 살아 계십니다.

반면에 사탄은 비난하기 위해 삽니다. 우리가 만일 악마를 편드는 것을 멈추고, 그리고 주님의 안목을 통하여 사람들을 보게 된다면 다른 사람들에게 있는 잘못된 어떤 것을 보는 것에 대해 우리의 첫 번째 반응은 그들을 비난하게 되지 않을 것입니다. 그러나 오히려 그들을 위해 중보하게 될 것입니다.

이 한 가지로 인해서 우리의 모든 것은 얼마나 신속하게 변화되겠습니까? 교회안에는 얼마나 훨씬 더 큰 연합이 있게 되겠으며, 그로 인해 권능은 얼마나 더 강력해지겠습니까? 그것은 빛, 치유, 영광과 기도의 응답을 가져온다고 주님은 말씀하셨습니다. 우리에게 무엇이 더 필요합니까?

이 본문은 비판에 대한 우리의 중독이 오늘날의 교회 안에 그토록 빛이 희미하며, 그토록 치유가 조금밖에 없으며, 하나님의 영광도 그토록 미미하며, 기도의 응답도 거의 없는 주된 이유라는 것을 분명히 밝혀주

제 5 부 회개 (2)

고 있습니다.

비판(흠잡기)은 가난의 영이 믿는 자들의 삶속으로 들어오도록 하는 아마도 가장 커다란 열린 문일 것입니다. 왜냐하면 흠잡기는 교만의 궁극적인 모습들 가운데 하나이기 때문입니다.

우리가 누군가를 비판할 때마다, 우리는 그들보다 뛰어나다고 주제넘는 가정을 하고 있는 것입니다.

교만은 어떤 이성적인 사람도 가장 두려워해야 할 하나님의 저항을 초래합니다.

"하나님이 교만한 자를 물리치시고 겸손한 자에게 은혜를 주신다 하였느니라" (야고보서 4:6)

하나님이 우리를 대항하시기 보다는 차라리 지옥에 있는 모든 악마가 우리를 대적하는 것이 우리에게 훨씬 좋을 것입니다.

1. 우리는 지금 누구를 비판하고 있습니까?

우리가 다른 그리스도인을 비난하고 있을 때, 우리는 실제로 하나님의 솜씨가 우리의 기준을 충족시키지 못하며, 우리는 그것을 더 잘할 수 있었다고 말하고 있는 것입니다.

우리가 누군가의 자녀들을 비난할 때, 누가 화를 내겠습니까? 그들의 부모입니다! 이것은 하나님에게도 정확히 동일합니다. 우리가 그분의 자녀들 중 누군가를 비난할 때 우리는 실제로 그분을 판단하고 있는 것입니다.

우리가 그분의 지도자들 가운데 한 사람을 비난할 때, 우리는 실제로 그분의 지도력을 판단하고 있는 것입니다.

이스라엘 백성들 중 (출애굽한) 첫 번째 세대들이 약속의 땅에 들어가지 못했던 근본적인 이유는 바로 투덜거림과 불평하는 것이었습니다.

그들의 투덜거림은 그들의 평생의 삶을 광야에서 방황하면서 소모하도록 했습니다. 그리고 이것은 많은 그그러한 건조함 가운데 머무르게 하며, 하나님의 약속 가운데 걷지 못하는 주된 이유입니다.

야고보 사도가 우리에게 권고하였듯이,

> "형제들아 피차에 비방하지 말라 형제를 비방하는 자나 형제를 판단하는 자는 곧 율법을 비방하고 율법을 판단하는 것이라 네가 만일 율법을 판단하면

제 5 부 회개 (2)

> 율법의 준행자가 아니요 재판자로다 입법자와 재판
> 자는 오직 하나님이시니 능히 구원하기도 하시며
> 멸하기도 하시느니라. 너는 누구관대 이웃을 판단
> 하느냐" (야고보서 4:11~12)

우리가 비판하려고 "손가락질"할 때, 우리는 우리 스스로에게 멍에를 채우는 것입니다.

> "비판을 받지 아니하려거든 비판하지 말라 너희가
> 비판하는 그 비판으로 너희가 비판을 받을 것이요
> 너희의 헤아리는 그 헤아림으로 너희가 헤아림을
> 받을 것이니라" (마태복음 7:1~2)

한 번 나는 어떤 주를 방문했는데, 그 주는 내가 이 나라에서 목격해 왔던 가장 강력한 가난한 영들 가운데 하나에게 매여있었습니다. 이것은 대단히 주목할 만한 것이었습니다.

왜냐하면 그 주는 매우 아름답고 천연자원이 풍부했으며 그 주의 주민들은 재능있고 영리한 사람들이었기 때문입니다. 그러나 가난의 영은 거의 모든 사람들을 억압하고 있었습니다.

두드러진 또 다른 특성은 내가 거기서 만났던 거의

가난의 영으로 부터 자유

모든 사람들은 번영하거나 능력있는 사람이라면 누구든지 경멸하고 비난했습니다.

내가 만났던 이 주에 있는 작은 교회의 모든 목사들과의 대화는 필연적으로 "대형 교회들"과 "대형 사역"들을 비판하는 것으로 방향이 틀어지곤 했습니다.

이 사람들이 두드러지게 생각했던 것은 그들 자신의 문제들 중 많은 것 때문이었습니다.

이것을 한 층 더 슬프게 하는 것은 이 작은 교회의 목사들 가운데 많은 이들은 그들이 비판했던 커다란 교회나 사역단체들의 지도자보다 훨씬 더 많은 권위 안에서 걸어가도록 부르심을 받았다는 사실입니다.

내가 그들을 위해 기도했을 때, 주님께서 저에게 보여주신 것은 다른 사람들에 대한 그들의 판단들과 비판들은 그들 자신의 삶 가운데서 하나님의 은혜를 억제해 왔다는 것입니다.

많은 목사들은 자신들과 그들의 회중들을 재정적인 가난의 멍에에 속박하고 있는데, 다른 교회들이나 사역단체들이 어떻게 헌금을 거두어 들이는지 또는 기부금을 내도록 설득하는지에 대해 비판함으로써 그렇게 하고 있는 것입니다.

다른 사람들에 대한 그들의 비판 때문에, 그들은 죄의식을 느끼는 것 없이는 심지어 성경적인 헌금마저

도 거두어 들일 수 없습니다.

이사야 58장 8~9절 말씀처럼, 우리 교회에서 어둠이 있고 기도응답이 없는 것, 그리고 치유가 일어나지 않으며, 하나님의 영광이 부족한 근본적인 이유는 악마나, 다른 외부적인 문제들이 있는 것이 아니라, 우리 자신의 비판하는 영에 있는 것입니다.

이때까지 내가 만나본 특별한 영적인 은사를 소유하고 있으면서도, 영적인 열매가 부족한 사람들중 많은 이들이 자신들의 삶에서 비판하는 영이 줄곧 역사해 오고 있다는 사실 입니다.

그들은 영향력을 얻고 있는 다른 사람들의 사역들을 판단하고 비판해 왔으며, 그리고 그것에 의해 더 많은 것을 받을 수 있는 것으로부터 스스로의 자격을 박탈해 왔습니다.

우리의 비판들은 우리에게 가난을 가져다 줄 것입니다.

> "죽고 사는 것이 혀의 권세에 달렸나니 혀를 쓰기 좋아하는 자는 그 열매를 먹으리라" (잠언 18:21)

솔로몬이 관찰했듯이,

"의인의 길은 돋는 햇볕 같아서 점점 빛나서 원만한 광명에 이르거니와 악인의 길은 어둠 같아서 그가 거쳐 넘어져도 그것이 무엇인지 깨닫지 못하느니라" (잠언 4:18~19)

우리가 의로움 안에서 행한다면, 우리는 증가하는 빛 가운데서 행하게 될 것입니다. 어둠 속에서 이리저리 비틀거리는 사람들은 그 어둠의 이유를 거의 알지 못합니다.

그러나 의로움 안에서 행하는 자들은 어둠 속에 있지 않을 것입니다.

그러나, 비판적인 사람은 교만한 사람입니다. 그래서 그는 자기 자신을 제외한 모든 사람들에 대해 비판적이 될 것입니다. 그러므로 그는 자기 자신의 죄를 볼 수 없는 것입니다.

주님께서 말씀하셨듯이, 그는 자기 형제의 눈에 있는 티를 찾아내는데 너무 바쁜 나머지 자기 눈에 들어 있는 들보는 볼 수 없는 것입니다. 그것이 바로 자기가 소경된 이유인 것입니다.

우리는 모든 은혜로 구원받았으며, 또한 우리 모두는 우리의 일생을 마치기까지 은혜를 필요로 합니다.

우리가 은혜 받기를 원한다면, 우리는 은혜를 주는

제 5 부 회개 (2)

것을 배우는 것이 좋습니다. 왜냐하면 우리는 우리가 뿌리는 것을 거두게 될 것이기 때문입니다.

만일 우리가 긍휼히 여김 받기 원한다면, 우리는 반드시 긍휼을 뿌리기 시작해야 합니다. 그리고 우리 대부분은 우리가 얻을 수 있는 모든 긍휼을 필요로 하게 됩니다.

주님께서 단호하게 경고하셨듯이 말입니다.

"옛 사람에게 말한 바 살인치 말라 누구든지 살인하면 심판을 받게 되리라 하였다는 것을 너희가 들었으나 나는 너희에게 이르노니 형제에게 노하는 자마다 심판을 받게 되고 형제에 대해 라가라 하는 자는 공회에 잡히게 되고 미련한 놈이라 하는 자는 지옥불에 들어가게 되리라 그러므로 예물을 제단에 드리다가 거기서 네 형제에게 원망 들을만한 일이 있는줄 생각나거든 예물을 제단 앞에 두고 먼저 가서 형제와 화목하고 그 후에 와서 예물을 드리라. 너를 송사하는 자와 함께 길에 있을 때에 급히 사화하라 그 송사하는 자가 너를 재판관에게 내어주고 재판관이 관예에게 내어주어 옥에 가둘까 염려하라 진실로 네게 이르노니 네가 호리라도 남김이 없이 다 갚기 전에는 결단코 거기서 나오지 못하리라"

(마태복음 5:21~26)

만일 우리가 형제를 중상하는 것에 대한 죄책감을 느껴왔다면, 우리는 우리의 형제와 화해할 때까지 주님께 예물드리는 것에 대해 잊어버려야 한다는 것을 이 경고로 비추어 볼 때 명백합니다.

우리는 종종 우리의 희생과 예물이 그런 죄를 보속할 수 있으리라고 생각하기 때문에, 이 두 가지를 주님께서는 서로 연결시키신 것입니다. 그러나 결코 그렇게 될 수 없습니다.

우리가 마지막까지 한 푼도 남김없이 다 갚을 때까지, 또는 우리가 중상했던 형제와 우리가 화해할 때까지, 비판함으로 우리가 스스로를 위해 만드는 감옥 안에서 거하게 될 것입니다.

만일 우리가 우리의 삶에서 이 무서운 멍에를 없애 버린다면, 주님은 이사야서에서 계속해서 우리에게 약속을 주셨습니다.

"네가 부를 때에는 나 여호와가 응답하겠고, 내가 부르짖을 때에는 말하기를 내가 여기 있다 하리라, 나 여호와가 너를 항상 인도하여 마른 곳에서도 네 영혼을 만족케 하며 네 뼈를 견고케 하리니 너는 물

댄 동산 같겠고 물이 끊어지지 아니하는 샘 같을 것이라 네게서 날 자들이 오래 황폐된 곳들을 다시 세울 것이며 너는 역대의 파괴된 기초를 쌓으리니 너를 일컬어 무너진 데를 수보하는 자라 할 것이며 길을 수축하여 거할 곳이 되게 하는 자라 하리라"
(이사야 58:9, 11~12)

제 6 부

그리스도인의 경제학 (2)

1. 순종

다시 한 번 재정적인 독립을 위한 우리의 공식을 상기해 봅시다.

회개 + 순종 = 자유

여기에서 우리는 순종에 대해 좀 더 깊이 공부하려고 합니다.

오늘날의 교회를 위한 두 가지의 더 중요한 성경 본문이 학개서 1장과 말라기서 3장에서 발견되어집니다.

제 6 부 그리스도인의 경제학(2)

자, 기도하는 마음으로 그 구절들을 살펴봅시다.

"만군의 여호와가 말하여 이르노라 이 백성이 말하기를 여호와의 전을 건축할 시기가 이르지 아니하였다 하느니라 여호와의 말씀이 선지자 학개에게 임하여 가라사대 이 전이 황무하였거늘 너희가 이때에 판벽한 집에 거하는 것이 가하냐 그러므로 이제 나 만군의 여호와가 말하노니 너희는 자기의 소위를 살펴볼지니라 너희가 많이 뿌릴지라도 수입이 적으며 먹을지라도 배부르지 못하며 마실지라도 흡족하지 못하며 입어도 따뜻하지 못하며 일꾼이 삯을 받아도 그것을 구멍 뚫어진 전대에 넣음이 되느니라 나 만군의 여호와가 말하노니 자기의 소위를 살펴볼지니라 너희는 산에 올라가서 나무를 가져다가 전을 건축하라 그리하면 내가 그로 인하여 기뻐하고 또 영광을 얻으리라 나 여호와가 말하였느니라 너희가 많은 것을 바랐으나 도리어 적었고 너희가 그것을 집으로 가져갔으나 내가 불어 버렸느니라 나 만군의 여호와가 말하노라 이것이 무슨 연고뇨 내 집은 황무하였으되 너희는 각각 자기의 집에 빨랐음이니라 그러므로 너희로 인하여 하늘은 이슬을 그쳤고 땅은 산물을 그쳤으며 내가 한재를 불러

이 땅에, 산에, 곡물에, 새 포도주에, 기름에 땅의 모든 소산에, 사람에게, 육축에게, 손으로 수고하는 모든 일에 임하게 하였느니라" (학개 1:2~11)

"사람이 어찌 하나님의 것을 도적질하겠느냐 그러나 너희는 나의 것을 도적질하고도 말하기를 우리가 어떻게 주의 것을 도적질하였나이까 하도다 이는 곧 십일조와 헌물이라 너희 곧 온 나라가 나의 것을 도적질하였으므로 너희가 저주를 받았느니라 만군의 여호와가 이르노라. 너희의 온전한 십일조를 창고에 들여 나의 집에 양식이 있게 하고 그것으로 나를 시험하여 내가 하늘 문을 열고 너희에게 복을 쌓을 곳이 없도록 붓지 아니하나 보라 만군의 여호와가 이르노라. 내가 너희를 위하여 황충을 금하여 너희 토지 소산을 멸하지 않게 하며 너희 밭에 포도나무의 과실로 기한 전에 떨어지지 않게 하리니 너희 땅이 아름다워지므로 열방이 너희를 복되다 하리라 만군의 여호와의 말이니라" (말라기 3:8~12)

원수가 자기의 최선을 다해 그토록 우리를 타락시켜 우리가 사용하지 못하도록 해온 단어들 가운데 또

제 6 부 그리스도인의 경제학(2)

다른 하나가 바로 십일조입니다.

　타락을 부추기는 그의 가장 강력한 권능들을 지배해 왔던 다른 어휘들과 마찬가지로, 이 어휘가 우리로 하여금 그의 속박의 멍에로부터 자유케 해 줄 것이란 사실을 그는 알고 있습니다. 그러므로 나는 변명없이 내가 할 수 있는 만큼 이 어휘를 사용할 것입니다.

　십일조는 우리의 수고의 첫 열매를 주님께 드리는 성경적인 용어입니다. 그것은 특별히 10퍼센트를 드리도록 지시되어 있습니다. 그것이 실행된 것도 모세의 율법에 앞서 야곱의 아들들에 의해서였습니다.

　아브라함은 왕들과 전쟁에서 노획했던 전리품의 10퍼센트를 멜기세덱에게 드렸습니다. 그리고 야곱 역시 주님께서 자기에게 주신 모든 것의 10퍼센트를 주님께 드릴 것을 약속드렸습니다(창 4:20, 28:22).

　사람들이 주님께 드릴 수 있는 다른 예물(offerings)들이 있었지만, 이 십일조는 명령이었습니다.

　대부분의 그리스도인들처럼, 나는 십일조에 찬성하는 것과 반대하는 것에 대해 중요하고도 숙고해 볼 만한 가르침을 들어왔습니다. 그것이 새 언약의 한 부분이 되는 것이 되는 것에 대해 찬성과 반대의 좋은 논쟁들이 있습니다.

　비록 나는 그것에 대한 신학은 완전히 이해하지는

못할지라도 그것은 모든 시대에서 진리라는 것을 나는 의심하지 않습니다.

그리고 하나님께서는 친히 말라기에서 약속해주신 것처럼, 여전히 그것을 소중히 여기십니다.

십일조는 율법으로 살기 위하여 부득이하게 시도하는 것이 아닙니다. 또한 십일조는 율법주의가 아닙니다. 비록 그것이 그럴 수 있을지라도 말입니다.

율법적으로 기도하는 사람들이 있습니다. 그러나 그것이 우리가 기도하기를 멈추어야 함을 의미하는 것입니까? 나는 종교의 영의 강요 아래서 증거하고, 자신의 성경을 읽고, 심지어는 예배를 드리기조차 하는 사람들을 알고 있습니다.

그러나 그것이 의미하는 것이 우리는 그러한 것들을 하는 것을 그만 두어야 함을 의미합니까? 물론 그렇지 않습니다.

우리는 올바른 영 안에서 그러한 것들을 행하고 있는지 확인해 보기 위해 우리 스스로를 시험해 볼 수도 있습니다.

그러나 우리는 반드시 믿음의 기본적인 원칙들을 계속해서 행하여야 합니다. 주님께 첫 열매를 드리는 것은 그러한 원칙들 가운데 하나입니다.

올바른 영 안에서 우리의 수입 중 첫 열매를 주님께

제 6 부 그리스도인의 경제학(2)

드리는 것은 믿음의 행위입니다.

> "믿음 없이는 기쁘시게 못하나니 하나님께 나아가는 자는 반드시 그가 계신 것과 또한 그가 자기를 찾는 자들에게 상주시는 이심을 믿어야 할지니라"
> (히브리서 11:6)

주님께서는 자기의 권능을 우리를 향하여 풀어놓으시기 전에 믿음을 요구하십니다. 그리고 우리의 첫 열매를 그분께 드리는 것은 우리의 모든 공급의 근원으로써 우리는 그분을 믿는다는 사실을 선포하는 믿음의 행위인 것입니다.

우리가 하는 증거의 말은 우리가 세상을 이기는 요인들 가운데 하나입니다.

내가 그리스도인이 되고나서 재정적으로 고통받았던 단 한 때는 내가 십일조 드리는데 태만했던 때였다는 간증을 나는 가지고 있습니다. 이 일은 대개 부주의 때문에 일어났습니다.

왜냐하면 나는 언제나 십일조를 믿고 있기 때문입니다.

그러나 내가 재정적으로 고통받아온 매번마다 나는 나의 재정 기록들로 돌아가서 검토해 보았고, 나는 이

한 가지 일에 부주의하게 될 때 나의 문제가 시작되었음을 나는 발견했습니다.

내가 회개하고 나의 소득에서 첫 열매를 주님께 다시 드리기 시작했을 때, 하늘의 창문은 그분께서 약속하셨던 대로 언제나 신속하게 열렸습니다.

내가 성공적인 비즈니스맨이 되었을 때 나는 교회들과 사역단체들에게 거액의 기부금을 드리고 있었습니다.

나는 충분히 많이 드리고 있었고, 나는 최소한 10퍼센트를 드리고 있다는 것을 단지 가정하기 위해서 출발했습니다. 그리고 그것을 계속 유지하는 것을 포기했습니다.

나의 성공의 정점에서 내 사업은 휘청거렸으며, 붕괴되었습니다. 나중에 나는 나의 십일조 기록으로 돌아가 검토해 보아야 되겠다고 느꼈습니다. 그리고 나는 나의 모든 문제들이 주님께 맨 처음의 10퍼센트를 드리는 것에 부족해지기 시작했을 때, 거의 즉시 시작되었음을 발견했습니다.

수 년간에 걸쳐서 나는 십일조를 드리는데 자신들을 헌신했던 사람들이 극적인 전환점들을 경험하게 된 헤아릴 수 없을 만큼의 수 많은 간증들을 들어왔습니다.

제 6 부 그리스도인의 경제학(2)

내가 이 주제에 관해 우리의 지역 교회에서 가르쳤을 때, 사람들이 이 가르침에 순종하게 된 후 어떻게 재정적인 어려움들에서 신속히 벗어나기 시작했는지에 대한 간증들을 거의 즉시 듣기 시작했습니다.

만성적인 재정문제를 가지고 있던 사람들을 나는 많이 만나 봤는데, 그들은 예외없이 그들의 첫 열매를 주님께 충실히 드리지 않는 사람들이었습니다.

이것은 만일 당신이 이번 주에 십일조를 한다면, 다음 주에 당신의 모든 문제들이 해결될 것이라는 것을 의미하는 것은 아닙니다.

그러나 대부분의 사람들은 주님께서 개입하셔서 그들을 위해 상황을 바꾸어주시는 것을 즉시 보게 됩니다. 나는 재정적인 기적들을 많이 목격해 왔습니다. 그러나 때때로 주님께서는 우리를 가로막고 방해하고 있는 다른 연관된 요새들을 들어내심으로 개입해 주십니다. 주님께서 그 일을 어떻게 행하시는지에 관계없이 선한 성경적인 청지기직의 마지막 결과는 재정적인 독립이 될 것입니다.

2. 선한 의도들이 순종은 아니다

나는 십일조를 믿으면서도 재정적으로 침몰해가는 소수의 사람들을 보아왔습니다.

한 때는 내가 어리석게 그랬던 것처럼, 그들은 자신들의 십일조를 주님께서 어디에 드리도록 지시할 때까지 그것을 자기들에게 쌓아두려고 한다고 종종 말합니다. 이 말은 대단히 그럴듯하게 들릴 수 있지만, 만일 그 돈이 여전히 우리의 계좌에 있다면 우리는 그것을 드리지 않은 것입니다.

주님께서는 그것을 어디에 두어야 할지 친히 말씀으로 우리에게 말씀하셨습니다. 그것은 그분의 창고인데, 바로 교회입니다.

비록 여러분이 여러분의 교회 지도자들이 그것을 사용하는 용도에 동의하지 않을지라도, 만일 여러 분이 지역적인 그리스도의 몸의 일부라면, 여러 분의 십일조가 들어가야 할 곳은 바로 그 곳입니다.

또한 나는 다른 사람들이 "나는 십일조를 드리지 않습니다. 왜냐하면 내가 소유한 모든 것이 주님의 것이기 때문입니다"라고 말하는 것을 들은 적이 있습니다. 이것은 또 다른 비극적인 속임수입니다. 만약 그들이 가지고 있는 모든 것이 주님의 것이라면 그들은

제 6 부 그리스도인의 경제학(2)

십일조를 드리라는 주님의 말씀에 순종할 것입니다. 하나님은 우리의 돈을 필요로 하시지 않습니다.

온 세상이 다 그분의 것입니다. 십일조를 드리는 것은 우리를 위한 것이지 그분을 위한 것이 아닙니다. 우리의 변명은 단지 우리를 상하게 할 뿐입니다.

교회가 하나님의 곳간이기 때문에 우리 교회들도 십일조를 드려야 된다는 의미입니까?

그렇습니다. 먼저 그것은 특권이지 처벌이 아닙니다.

주님께서는 그분의 백성들 모두가 그분이 충족시키시길 원하는 필요들을 채워주시기 위해 그분의 공급이 흘러갈 수 있는 그릇들이 되기를 원합니다.

만일 우리가 드리지 않으면, 우리는 이 흐름을 차단하게 됩니다. 만일 여러분이 교회들과 사역단체들 그리고, 개인들에게 십일조의 원칙을 하나님께서 귀하게 보내신다는 증거를 원한다면 항상 재정적으로 고투하는 사람들과 언제나 풍성해 보이는 사람들을 검토해 보십시오.

우리가 교회를 시작했을 때 우리는 부주의하게도 교회의 수입에서 십일조를 드리기 시작하는 것을 잊어버렸습니다.

우리가 교회 수입에서 십일조 드리기를 시작할 때까지 우리 교회는 상당한 손실로 인해 고통 당했지만,

십일조를 드리기 시작하자 금새 우리의 재정상태는 좋아졌습니다. 그것이 우연의 일치라고 간주할 수도 있었지만 우리는 영적으로 뇌가 죽어있지 않은 이상, 그것을 우연으로 돌려버릴 수는 없었습니다.

> 사도행전에서 온 땅에 기근이 임하려고 한다는 에언이 주어졌을 때, 교회들은 저장하기 시작했던 것이 아닙니다. 그들은 헌금을 거두었습니다. 그들은 그것을 다른 사람들에게 주었습니다! (사도행전 11:28~30)을 보십시오.

우리가 누군가에게 줄 때, 우리는 우리의 보물을 천국에 쌓아두고 있는 것이며, 우리의 신뢰를 하나님께 두고 있는 것입니다.

만일 우리가 경제적인 대격변이 임할 것을 믿는다면 당신이 투자할 유일하고 현명한 장소는 결코 흔들릴 수 없는 하나님의 나라입니다.

당신은 십일조를 드릴 여유가 없다고 생각할지도 모르겠습니다. 그러나 당신은 십일조를 하지 않을 여지가 없습니다. 우리 대부분은 정말이지 더 많은 수입을 필요로 하게 되었습니다.

우리는 단지 게걸스럽게 먹어치우는 것을 책망해야

할 필요가 있을 뿐입니다.

그러나 주님께서는 그 이상으로 해주시겠다고 약속하십니다. 주님의 약속은 우리가 크게 축복받게 될 것이고 그래서 우리는 그것을 모두 수납할 충분한 장소를 가지지 못하게 될 것이라고 합니다.

당신은 그 정도로 축복을 받았습니까? 그렇지 않다면, "온전한 십일조"를 하나님의 곳간으로 가지고 오십시오. 그것이 의미하는 바는 세금을 제하기 전의 십일조입니다.

만일 우리가 참으로 하나님의 말씀을 믿는다면, 왜 우리 온전한 십일조를 가져오길 원하지 않으며, 더 많이 가져오길 원하지 않습니까?

주님께서는 우리가 심지어 그것을 아무리해도 다 넣을 수 없을 정도의 어마어마한 축복을 약속하십니다.

다음은 이 주제와 관련하여 주님께서 주신 몇 가지 다른 성경적인 약속들입니다.

이 말씀들을 믿고, 이 말씀으로 살아감으로 여러 분들의 전체적인 재정생활을 전환할 수 있습니다.

> "주라 그리하면 너희에게 줄 것이니 곧 후히 되어 누리고 흔들어 넘치도록 하여 너희에게 안겨 주리라 헤아리는 그 헤아림으로 너희도 헤아림을 도로

받을 것이니라" (누가복음 6:38)

"가난한 자를 구제하는 자는 궁핍하지 아니 하려니와 못 본 체하는 자에게는 저주가 많으리라" (잠언 28:27)

"흩어 구제하여도 더욱 부하게 되는 일이 있나니 과도히 아껴도 가난하게 될 뿐이니라 구제를 좋아하는 자는 풍족하여질 것이요 남을 윤택하게 하는 자는 윤택하여지니라" (잠언 11:24~25)

"이것이 곧 적게 심는 자는 적게 거두고 많이 심는 자는 많이 거둔다 하는 말이로다 각각 그 마음에 정한 대로 할 것이요 인색함으로나 억지로 하지 말지니 하나님은 즐겨 내는 자를 사랑하시느니라 하나님이 능히 모든 은혜를 너희에게 넘치게 하시나니 이는 너희로 모든 일에 항상 모든 것이 넉넉하여 모든 착한 일을 넘치게 하게 하려 하심이라" (고린도후서 9:6~8)

제 7 부

진리의 귀결

주님께서는 세상을 심판하시려 합니다. 그리고 그분은 그분 자신의 집에서 그것을 시작하시려 합니다.

심판이 언제나 유죄판결(condemnation)인 것은 아닙니다. 그렇지만 심판은 유죄판결이 오기전 회개로의 마지막 부르심입니다.

그것은 우리가 얼마나 많이 교회에 출석했는가, 또는 우리가 얼마나 많은 진리를 알고 있는가 하는 것과는 관계가 없습니다. 우리는 우리의 행위로 우리가 어떻게 살아왔는가에 의해 심판받게 될 것입니다.

성경말씀에 의하면 진리를 알면서 그대로 살지 않는 것은 오직 더 혹독한 심판을 초래하게 됩니다.

제 7 부 진리의 귀결

> 바울은 우리가 "하나님의 인자하심(kindness)과 엄위하심(severity)을 보도록" 경고했습니다.
> (로마서 11:22)

많은 사람들이 기만당하게 되는데 왜냐하면 그들이 하나님의 엄위하심을 보지 않고 하나님의 인자하심만 보기 때문입니다. 또 다른 사람들은 하나님의 엄위하심만 보고 하나님의 인자하심을 이해하지 못하기 때문에 기만당하게 됩니다. 진리를 알기 위해서는 우리는 반드시 그분의 인자하심과 그분의 엄위하심을 함께 보아야 합니다.

우리가 지금 은혜의 시대 안에 있기 때문에, 우리는 마음대로 계속 범죄할 수 있으며, 하나님은 그것을 간과해 주실 거라고 많은 사람들이 가정하고 있습니다.

그것이야말로 가장 참담하고 비극적인 속임수입니다. 우리는 지금 은혜와 진리의 시대에 있습니다(요한복음 1:17)을 보십시오.

우리 하나님은 친히 말씀하신 대로의 하나님이십니다. 우리의 구원은 그분이 자신의 말씀을 지키는 실제에 달려 있습니다. 그분처럼 되도록 부르심을 받은 그분의 백성들도 또한 자기들의 말을 지키는 사람들이 될 것입니다.

우리의 "예"는 타협함 없는 "예"를 의미하는 것으로 되어 있으며 우리의 "아니요"는 타협함 없는 "아니요"를 의미하는 것으로 되어 있습니다.

사람에게 한 우리의 말을 파기시키는 것은 좋지 못합니다. 그러나 하나님께 한 우리의 말을 파기시키는 것은 인간의 가장 큰 어리석음이 될 수 있습니다.

아나니아와 삽비라는 이것의 일관(consequences)을 허물어버리게 되었습니다. 그러자 베드로는 그것을 성령께 거짓말하는 것이라고 했습니다.

그들은 모든 것을 다 주고 있던 사람들과 행동을 같이 하게 되길 원했습니다. 한편으로 그들은 "그 값에서 얼마를 감추었습니다."(사도행전 5:2)

우리는 그러한 약속을 하고는 그 값에서 얼마를 감추는 것보다 그리스도의 충복이 되는 것에 대해 아무런 언질도 하지 않는 편이 훨씬 더 좋을 것입니다.

(교회가 여기에 있는 이유는 기본적으로 우리가 말하는 그대로의 사람이 되는 것입니다.)

모든 관계를 연결하는 다리는 신뢰입니다. 신뢰가 없이도, 당신은 용서받을 수 있으며, 심지어 사랑을 받을 수도 있습니다. 그러나 진정한 관계를 가지는 것은 불가능합니다.

신뢰의 강한 정도는 모든 관계의 강함 정도를 결정

제 7 부 진리의 귀결

할 것입니다.

교회가 하나님과 사람 사이의 관계를 회복하도록 도와주는 교량 건축자(bridge-builder)가 되기 위해서 우리는 반드시 신뢰할만한 사람이어야 합니다.

몇 몇 공적인 사역단체들의 거짓말 또는 불충실함이 포착되거나, 그들에게 주어지는 기부금을 잘못 사용하는 것이 포착되었을 때, 가난의 영은 교회에 침투하는 주요한 침입로를 확보했습니다.

이것에 대한 과잉반응으로 많은 사람들은 주는 것을 멈추어 버렸습니다. 또한 그렇게 함으로서 그들의 삶에 심각한 영향을 불러 일으켰습니다. 많은 사람들이 교회와 사역단체들에 대한 약속을 파기시키기 시작했습니다. 심지어는 가장 높은 성실을 표준하여 유지되고 있던 사역단체들도 상처를 받게 되었습니다.

그러나 자신들의 약속을 깨트려버린 사람들은 한층 더 심각한 상처를 입었습니다.

약속을 깨트리는 것은 심각한 문제입니다. 그리고 약속파기에는 되 튀겨오는 반동(repercussion)이 있음을 성경은 분명히 밝혀주고 있습니다. 많은 사람들이 지금 약속 파기로 인해 고통당하고 있습니다.

1. 권위에는 책임이 따릅니다

시대의 끝에 경제는 모든 사람들이 직면하게 될 주요한 시험들 가운데 하나가 될 것은 분명하기 때문에, 만일 우리가 어둠 가운데서 빛이 되고자 한다면 우리는 반드시 재정적인 문제들에서 더 높은 성실함의 표준에 따라 살아가야 하는 것은 피할 수 없습니다.

권위는 책임과 함께 옵니다. 아담에게는 온 땅과 땅 위의 모든 짐승들을 다스리는 권위가 주어졌습니다.

그가 타락했을 때, 그의 다스림 안에 있던 모든 것들(수많은 사람들을 포함하여)이 고통받았습니다. 다윗 왕이 사람의 수를 계수함으로 범죄했을 때, 수만 명의 자기 백성들이 죽었습니다.

이것은 공정하지 않다고 우리는 말할지도 모르겠습니다.

그러나 진정한 책임이 없다면 진정한 권위도 있을 수 없습니다. 우리에게 주어진 권위가 많으면 많을 수록, 우리의 실수로 인해서 우리가 가진 권위는 더 많은 사람들에게 상처를 주게 될 것입니다. 그리고 상처 받게 되는 자들은, 모두 하나님의 자녀들입니다.

**성경은 우리에게 권고합니다. "우리가 살폈으면 판

제 7 부 진리의 귀결

단을 받지 아니하려니와" (고린도전서 11:31)

우리가 어떤 잘못된 길에서 깨닫도록 성령을 보내 달라고 기도하고 또 하나님의 은총의 표시로서 교정을 받아들이면서, 우리가 우리 자신을 살펴본다면 그것이 올 때 우리는 더 악한 심판으로 고통받지 않게 될 것입니다.

주님의 가족들을 섬기는 것과 그분의 모든 자원들을 관리하는 청지기가 되는 것은 가장 중요한 일입니다.

우리가 만일 이것을 하도록 부름받았다면, 우리는 반드시 가장 높은 성실을 기준으로 살아가야 합니다.

우리는 우리에게 주어진 커다란 책임감을 반드시 이해하지 않으면 안되며, 그리고 그것에 상당할 정도의 진지함으로 그것을 사용해야 합니다.

우리 책임을 진지하게 만드는 것은 단순히 돈이 아닙니다.

우리 책임을 진지하게 만드는 것은 주님의 가족들의 성실함(integrity)입니다.

마지막이 되기 전에, 이 세상에 흔들리지 않거나 믿을 수 있는 것이 아무 것도 없어지게 될 때, 세상은 교회를 바라보게 될 것이며, 그들의 말이 곧 그들의 계약(bond)인 완전히 신뢰받을 만한 사람들을 보게 될 것인데, 왜냐하면 그들이 섬기는 하나님이 신뢰할 만한 분이시기 때문입니다.

우리가 증거하는 것의 강력함정도는 우선 우리가 얼마나 하나님의 말씀을 신뢰하고 있는가에 의해 결정되며, 그리고 그 다음 우리의 말이 얼마나 신뢰받을 수 있는가에 의해 결정되어지게 됩니다. 만일 우리가 진실로 하나님의 말씀을 믿는다면, 우리는 그분처럼 될 것입니다. 그리고 우리의 말도 또한 진실해지게 될 것입니다.

우리는 반드시 이러한 중대한 주제들을 거론해야 하는데, 그 이유는 우리는 지금 가장 중대한 시대로 접어들어가고 있기 때문입니다.

좋은 두려움이 있습니다. 그것은 하나님에 대한 두려움 즉, 하나님에 대한 경외심입니다.

하나님에 대한 이 순수하고 거룩한 두려움의 결여는 아마도 교회가 오랫동안 덫에 빠져 기만당해 왔던 어리석음과 속임당함의 주된 이유일 것입니다.

하나님과 우리의 관계보다 더 중요한 일이 있었던 경우는 결코 없었습니다.

궁극적으로 온 세상이 임하게 될 심판은 근본적으로 세상이 그분을 매우 하찮게 대우한 결과입니다.

우리를 너무나 사랑하셔서 자기의 아들을 주신 하

제 7 부 진리의 귀결

나님은 사소한 잘못에 우리를 정죄할만큼 무정한 분이 아니십니다.

그분은 이 세상에서 우리가 직면하는 어려움들과 압박들을 알고 계십니다.

비록 하나님께서 우리 모두가 때때로 비틀거리게 될 것을 알고 계시지만, 그분의 은혜에 대해 주제넘게 건방스러운 것과 그리고 모든 것을 드리기로 헌신했던 때를 취소하는 것은 궁극적으로 비극을 초래한다는 것을 성경은 분명히 말씀하고 있습니다.

그분의 말씀을 아는 것만으로는 충분하지 않습니다. 우리는 또한 그 말씀을 반드시 지켜야 합니다.

2. 두려움이 자유로 바꾸어 질때

폭풍이 밀려오기 시작할 때 여러분의 집을 반석 위에 지으려고 시도하는 것은 이미 너무 늦게 될 것입니다.

지금 우리에게 순종하도록 권고하시는 하나님의 말씀에 유의해봅시다.

"이로 인하여 무릇 경건한 자는 주를 만날 기회를

타서 주께 기도할지라. 진실로 홍수가 범람할지라도 저에게 미치지 못하리이다" (시편 32:6)

"여호와는 그 경외하는(fear) 자 곧 그 인자하심을 바라는 자를 살피사 저희 영혼을 사망에서 건지시며 저희를 기근 시에 살게 하시는도다" (시편 33:18~19)

"이 곤고한 자가 부르짖으매 여호와께서 들으시고 그 모든 환난에서 구원하셨도다. 여호와의 사자가 주를 경외하는(fear) 자를 둘러 진치고 저희를 건지시는도다 너희는 여호와의 선하심을 맛보아 알지어다 그에게 피하는 자는 복이 있도다 너희 성도들아 여호와를 경외(fear)하라. 저를 경외하는 자에게는 부족함이 없도다 젊은 사자는 궁핍하여 주릴지라도 여호와를 찾는 자는 모든 좋은 것에 부족함이 없으리로다" (시편 34:6~10)

성경에 있는 가장 위대한 약속들은 주님을 두려워하는 (경외하는: fear) 자들에 대한 것입니다.

주님을 올바르게 두려워하는 사람들은 이 세상의 다른 어떤 것에도 두려움도 갖지 않습니다. 그분을 알면서도 올바르게 그분을 경외하지 않았던 사람들이

제 7 부 진리의 귀결

가장 커다란 인류의 비극들 가운데 몇 가지에 떨어지기까지 타락해 왔습니다.

요한은 주님과 친밀했습니다. 반면에 유다는 단순히 그분을 잘 알았습니다. 거기에는 엄청난 차이가 있을 수 있습니다.

억측을 낳게 되는 하나님과 친밀함은 아마도 가장 끔찍한 기만일 것입니다. 그러나 그분이 얼마나 경외하고 두려워해야 할 분이신가 하는 끊임없는 계시를 낳게 하는 하나님과 친밀함은 순종을 낳게 됩니다.

그리스도인의 충복(bondservant)이 되기로 헌신하고 나서도 계속해서 자기 자신을 위해 살아가는 것은 비극적인 우매함이 될 것입니다.

진리를 알고 진리로 살아가기로 우리 자신들을 헌신하고는 나중에 그것을 하지 않는 것은 위선, 바로 그 자체입니다. 그러므로, 이렇게 하는 것은 주님의 가장 맹렬한 정죄를 예약하는 것과 다름없는 것입니다.

비록 우리가 어린 양의 피로서 값을 치르고 구속되었지만, 그분께서는 우리가 주님을 섬기도록 강요하시지 않습니다. 순종이 요구되어집니다. 그럴지라도 우리는 반드시 순종하기로 선택해야 합니다.

거기에는 그렇게 하지 않을 수 있는 자유가 있습니다.

우리는 죄의 결과로 고통받는 일 없이 몇 년간 살아

갈 수도 있습니다. 그러나 우리는 마침내 우리가 뿌리는 것을 거두게 될 것인데, 마치 솔로몬왕이 전도서 8장 11절에서 진술했던 것처럼 거두게 될 것입니다.

"악한 일에 징벌이 속히 실행되지 않으므로 인생들이 악을 행하기에 마음이 담대하도다"

하나님께서 신속하게 우리의 죄를 심판하시지 않는 것은 종종 우리의 죄가 그분께서는 대수롭지 않은 것을 의미하는 것으로 해석되곤 합니다. 그러나 이것은 어두워진 마음에서 오는 기만입니다. 하나님께서 그들을 신속히 징계하지 않으시는 것은 그 자체 안에 그들을 한층 더 단단한 무감각으로 끌고가는 심판이 있기 때문입니다.

만일 주님께서 심판을 더 빨리 실행하신다면, 우리는 너무 악해질 만큼 구부러지지 않을 거라고 우리는 생각할 수도 있을 것입니다. 그것은 맞는 말입니다. 그러나 그것은 주님께서 우리에게 주시는 자유를 제지하게 되고 그래서 우리는 주님을 향한 우리의 헌신을 증명할 수 있게 됩니다.

만일 그들이 신속한 심판이 임하게 된다는 사실을 알았더라면 어느 누가 불순종했겠습니까?

주님께서 불순종할 수 있도록 우리에게 주시는 자유가 주님께서 순종해서 우리의 헌신을 증명해 보일 수

제 7 부 진리의 귀결

있도록 우리에게 주시는 자유와 동일한 자유입니다.

 진리를 사랑하는 사람들은 심지어 진리가 편리하지 않거나 겉으로 보기에 합당해 보이지 않을 때에도 진리로 살아갈 것입니다.

제8부

당신의 목적을 성취하라.

나는 레기 화이트(Reggie White)의 방에서 그가 그린 베이 파커스(Green Bay Packers) 출신의 팀 동료 한 사람과 그들의 미식축구 경력에 대해 이야기하는 것을 들으면서 앉아 있었습니다.

어떤 사람들은 레기를 모든 게임을 통틀어 가장 우수한 수비 라인맨(line man)으로 칭했습니다. 그는 10년 동안 연속해서 올 프로(All-pro: 우리 나라 프로야구의 올스타에 해당하는 미국의 미식축구팀)의 멤버로 선발되었으며 그리고 최근에는 올 타임 전미 미식축구 리그팀(All-Time NFL team)의 멤버로 선정되기도 했습니다. 올 타임 팀은 과거 75년 동안의 리그 역사상 가장 뛰어난 선수들로 구성되어 있습니

제 8 부 당신의 목적을 성취하라.

다. 레기와 이야기하던, 그의 팀 동료인 샤운 존스(Shawn Jones)도 역시 지난 10년 동안 자신의 포지션에서 매우 뛰어난 선수들 가운데 한 명이었습니다.

대화 도중 이 두 선수는 이런 말을 했습니다. "아마도 모든 도시에는 최고의 NFL 선수들이 될 수 있는 잠재력을 가진 젊은이들과 그렇게 되기를 꿈꾸어 온 사람들이 많이 있을 것입니다. 하지만 그들은 심지어 조직된 미식축구 시합에서 뛰어보지도 못하게 될 것입니다."

무엇 때문일까요? 위대한 운동선수가 될 수 있는 잠재성을 가지고 있지만, 그들이 가능할 수 있었던 것을 결코 성취하지 못하는 것은 운동선수에만 국한되지 않고 아마 다른 모든 분야에서도 동일합니다.

잠재적으로 위대한 음악가들의 대부분은 다른 사람들의 연주를 들으면서 자신들의 인생을 보낼 것입니다.

가장 위대한 잠재적인 사업가들, 예술가들 과학자들, 정치가들, 의사들, 법률가들, 작가들, 또는 사역자들이 아마도 자신들이 따분해하는 어떤 일을 하면서 인생을 보내게 될 것이며, 그들이 하도록 달란트가 주어진 것을 결코 하지 않고 인생을 보내게 될 것입니다.

왜 그럴까요? 그 대답은 거의 모든 경우에 동일합니다.

이러한 이유들을 이해하는 것은 우리의 열매맺고 충족시키는 삶과 실패와 좌절로 가득찬 사람들과의 사이에 차이점을 만들어낼 수 있습니다.

1. 좌절의 원인

우리는 우리에게 주어진 자연적인 달란트들을 충족시키지 못하면 우리의 삶에 좌절이 있게 될 것입니다. 그러나 만약 우리의 영적인 운명을 충족시키지 못한다면 그 좌절은 한층 더 클 것입니다.

바로 그런 좌절이 우리 교회들, 교단들 그리고 심지어 우리 가정들의 많은 분열의 충분한 근거가 되어 있을 수도 있습니다. 좌절은 교회 안에서 이미 하나의 중요한 문제입니다. 그러나 이 좌절의 나중 단계들인 권태와 미적지근한 태도는 훨씬 더 파괴적일 수 있습니다.

분노하는 것은 좋지 않습니다. 그러나 그것은 그 사람이 아직도 최소한 누군가를 돌보아 줄 수 있는 능력이 있음을 보여주는 것입니다.

잠들어 있는 교회에서보다 그 안에 긴장이 있는 교회에 더 많은 소망이 있습니다. 그러나 사역을 담당하

제 8 부 당신의 목적을 성취하라.

는 사람들이 그들의 기본적인 임무인 성도들이 사역을 하도록 그들을 준비시키는 일(에베소서 4:12)을 수행하고 있다면, 지금 긴장처럼 나타내지고 있는 에너지들의 많은 것들이 열매를 맺기 위해 사용될 것입니다. 그리고 그것이 바로 우리가 이 세상에 있는 중요한 한 가지 이유입니다.

> **"너희가 과실을 많이 맺으면 내 아버지께서 영광을 받으실 것이요 너희가 내 제자가 되리라. 너희가 나를 택한 것이 아니요 내가 너희를 택하여 세웠나니 이는 너희로 가서 과실을 맺게 하고 또 너희 과실이 항상 있게 하여 내 이름으로 아버지께 무엇을 구하든지 다 받게 하려 함이니라" (요한복음 15:8,16)**

주님의 이 말씀에 따르면, 우리가 부르심을 받는 가장 중요한 목표는 과실을 맺는 것이며 또한 과실이 언제나 있는 것입니다.

열매를 맺는다는 것은 성령의 열매들 가운데서 단지 개인적으로 성장하는 이상의 것입니다. 주님이 여기에서 의미하시는 바는, 우리가 대단히 중요한 어떤 일, 즉 우리가 세상을 떠난 후에도 계속해서 이 세상에 영향을 미칠 수 있는 일을 하도록 부르심 받았다는 것입니다.

당신은 이 잠재성으로 뭔가 중요한 일을 행하고 있는 사람들을 몇 사람이나 알고 있습니까? 또 그렇게 하고 있는 교회는 얼마나 알고 있습니까? 그 수는 대단히 적습니다.

그러나 그것이 우리 모두에게 있는 소명입니다. 그것이 주님께서 우리 가슴속에 뭔가 중요한 일을 하고자 하는 열망을 두신 이유입니다.

그러한 열매를 맺는 사람들과 그렇지 못한 사람들의 차이점은 무엇입니까?

모든 그리스도인들은 이 세상에서 살아가는 동안 성취되어야 할 그들에게 주어진 사역과 목적을 가지고 있습니다.

당신은 그 사역을 위해 태어났습니다.

세상의 기초가 놓이기 전에 이미 하나님은 우리를 아셨으며, 우리를 부르셨다고 성경은 말씀하고 있습니다.

그러나 성경은 또한 "청함을 받은 자는 많되 택함을 입은 자는 적은지라 (소명을 넘어 헌신으로 나아감)" (마태복음 22:14) 라고 가르쳐주고 있습니다.

애굽을 떠난 이스라엘의 첫 번째 세대처럼, 오늘날 대부분의 사람들은 약속의 땅으로 가도록 부르심을

제 8 부 당신의 목적을 성취하라.

받았지만 광야에서 빙빙 돌며 방황하느라고 자신들의 삶을 헛되이 소모하고 있습니다.

하나님은 여러분이 영원한 좌절이나 권태 속에서 사는 것을 바라시지 않습니다. 그러한 것들은 여러분이 창조된 진정한 목적을 향해 걸어가고 있지 않은데서 옵니다.

하나님은 여러분이 많은 열매를 맺는 "젖과 꿀이 흐르는"(출애굽기 3:8)땅에서 살길 원하십니다.

하나님은 하나님께서 여러분을 이 세상에 두신 목적들을 모두 성취하셨음을 알았을 때와 여러분들이 하나님의 뜻을 성취했음을 알았을 때 누리게 되는 형언할 수 없는 기쁨을 여러분이 갖게 되기를 원하십니다.

여러분이 광야에서 벗어나는 첫 번째 걸음은 하나님께서 여러 분을 위해 더 좋은 어떤 것을 가지고 계시다는 것과, 그리고 그분께서는 여러분을 그 안으로 인도해 들이실 수 있음을 믿는 것입니다.

이 세상에서 주목할만한 업적을 성취한 사람들의 삶 가운데서 보여지는 다섯 가지의 근본적인 특징들이 있습니다.

이러한 동일한 특징들이 성경전체를 통하여 그들의 세대에서 하나님의 목적을 성취한 사람들의 전기에서 발견되어집니다.
1. 그들은 자신들의 목적에 대한 명확한 비전을 가지고 있습니다.
2. 그들은 자신들의 목적에 초점을 맞추고 살아갑니다.
3. 그들에겐 지혜가 있었고, 자신들의 목적을 성취하기 위해 필요한 자원들을 모으거나, 요구되는 훈련을 받기로 단호히 결정합니다.
4. 그들은 문제 지향적인(problem-oriented) 사람들과 교제하지 않고 해결 지향적인(solution-oriented) 사람들과 교제합니다.
5. 그들은 장애물이나 어떤 반대가 자신들을 멈추게 하는 것을 용납하지 않습니다. 그들은 방해와 수많은 실망들에도 불구하고 자신들의 목적을 성취하기 위한 과정을 단호하게 계속해나갑니다.

이제 이것들을 각각 좀더 깊이 살펴보고 인생에서 목표를 성취하지 못하도록 우리를 제지하는 장벽들을 아울러 살펴보도록 합시다.

◆ 첫 번째 요인 :
우리는 우리의 목적을 분명히 해야 합니다
만일 누군가가 자신의 목적이 무엇인지 알지 못한

제 8 부 당신의 목적을 성취하라.

채, 자기의 목적을 성취시키리라는 것은 도저히 기대할 수 없는 일입니다.

주님께서 사람들이 부르심을 성취하기를 기대하시기 전에 언제나 그들에게 그들의 소명을 계시해 주신다는 사실을 우리는 성경에서 볼 수 있습니다. 주님께서는 우리들 각 사람이 이 땅의 삶에서 우리의 목적을 알기 열망하십니다.

그러나 나는 그리스도의 몸 전체를 빠짐없이 폭넓게 여행해 왔으며, 그리고 내가 발견한 것은 심지어 자신들의 소명이 무엇인지 알고 있는 믿는 자들의 비율이 매우 낮다는 사실입니다.

그리고 또한 그들 중에서도 매우 낮은 비율의 사람들만이 실제적으로 자기의 소명을 성취하기 위해 갖추어지고 있습니다.

이것은 교회의 가장 비극적인 실패들 가운데 하나임이 분명합니다. 그리고 이것이 바로 오늘날 교회가 세상에서 그토록 미미한 영향력을 가질 수밖에 없는 이유이기도 합니다.

많은 사람들이 자신들의 소명을 알지 못하는 주된 이유는 그들이 그것을 알기 위해 충분히 주님을 찾지 않기 때문입니다.

주님께서는 우리가 받기 전에 반드시 구하고 찾고

두드려야 한다는 것을 규정하셨습니다. 우리의 소명은 아마도 우리에게 맡겨진 가장 귀중한 보물입니다. 그리고 보물을 값어치 있게 하는 것은 그것이 매우 희귀하고 찾기 어렵다는 것입니다.

너무 손쉽게 보물을 받는 사람들은 그 보물의 진정한 가치를 이해하지 못합니다. 여러 분은 이렇게 대답할지도 모르겠습니다. 주님께서는 사도 바울이 그리스도인이 되었을 때 그의 소명을 보여주셨다고 말입니다. 그러나 바울 자신의 고백에 의하면, 자신의 부르심을 분명히 하기 위해서 여러 해를 보냈는데, 그 중에서 많은 시간들을 광야에서 홀로 보냈습니다.

당신이 주님을 찾을 때, 그것은 더욱 구체적으로 하십시오.

"너무 일반적인 목표를 가지고 있는 자들은 거의 그 목표를 성취하지 못합니다." "자기 자신들을 위한 사업에 뛰어들기를 원하는 자들."은 대부분 그것을 실행하지 못합니다.

음악가가 되기 원하는 자들이나 목회사역에 뛰어들기를 원하는 자들도 그것을 거의 실천에 옮기지 못합니다. 또는 그들이 그렇게 한다고 해도 그들은 금방 실패해버리고 맙니다.

그러나 그들이 어떤 생산품이나 서비스를 사랑하기

때문에 사업에 뛰어드는 사람들은 훨씬 더 성공할 가능성이 높습니다.

어떤 악기와 사랑에 빠진 사람들은 훨씬 더 음악가가 되기 쉽습니다.

복음을 전하는 것이나 교회를 개척하는 것 또는 어떤 사역을 행함으로서 어떤 특정 그룹의 사람들에게 접근하고자 하는 마음을 가지고 있기 때문에 복음 사역에 헌신하는 사람들은 성공할 확률이 훨씬 더 높습니다.

◆ 두 번째 요인 :

우리는 우리의 목표에 계속 집중해야 합니다.

초점의 결여는 성취자들의 대열에서 많은 사람들을 멀어지게 합니다. 다른 쪽으로 방향을 돌려 잡게 하는 것들은 긍정적인 요인들로부터 올 수도 있고 또 부정적인 요인들로부터 올 수도 있습니다.

많은 사람들이 자신들의 목표를 성취하는데 장애물 너머 있는 것들을 볼 수 없습니다. 그래서 그들은 보다 쉬운 목표를 추구합니다.

또 다른 사람들은 보다 덜 중요한 목표를 성취하는데 성공함으로 인해 그들의 마음이 나누어집니다.

언젠가 해리 투르먼(Harry Truman)은 "대다수의 사람들이 차선의 성공 때문에 실패했다"고 말한 적이 있습니다. 이것은 맞는 말입니다.

만약 우리가 우리 자신에게 주어진 최종적인 소명을 성취하기를 원한다면, 우리가 반드시 통과해야 할 가장 어려운 시험들 가운데 하나는 하나님이 행하시고 계시는 다른 모든 일들로 인해 마음이 어지럽게 산란해서는 안 된다는 것입니다.

오늘날 하나님은 놀라운 많은 일들을 행하시고 계십니다. 그러나 우리가 그 모든 일들에 가담하는 것은 불가능합니다.

하나님의 다른 성공적인 운동에 참여하는 것을 거부하는 것은 종종 매우 어렵습니다. 특별히 좋은 의도를 가진 사람들이 우리가 그 운동에 함께 가지 않는다면, 우리는 하나님을 놓치고 있는 것이라고 다른 사람들이 생각하도록 만들어 버리는 때입니다.

우리가 반드시 배우지 않으면 안 되는 것은 하나님께서 우리가 하도록 부르신 것에만 우리 자신을 드려야 한다는 사실입니다.

우리가 하나님의 심판석 앞에 서게 될 때, 그분은 우리에게 얼마나 많은 성공적인 교회들이나 운동에 우리가 참여했는지 물으려 하지 않으실 것입니다.

그분은 우리에게 우리가 주님의 뜻을 행했는지에

대해 물으려 하실 것입니다.

◆ **세 번째 요인 :**

우리는 지혜를 가져야 하며 우리의 목적을 성취하기 위해 필요한 자원들을 모으거나 훈련받기로 마음을 굳게 정해야 합니다.

우리가 우리의 목적에 대해서 분명한 비전을 가질 때, 그리고 우리가 그것에 계속해서 우리의 초점을 맞출 때, 그것을 성취하기 위해 요구되는 모든 것들을 훨씬 더 잘 볼 수 있게 됩니다.

모든 비전의 성취를 위해서, 요구되는 교육과 준비와 훈련의 시간이 있습니다.

하나님께서 소명을 계시해 주실 때와 실제로 그 사역에 임하게 될 때와의 사이에는 언제나 준비의 시간들이 있게 됩니다.

부르심과 하나님의 위임사이의 이러한 차이점을 이해하지 못하고, 그 사이의 시간을 지혜롭게 사용하지 못하므로 많은 실패를 초래해 왔습니다.

언젠가 알버트 아인슈타인(Albert Einstein)이 "미성숙한 책임감은 천박성을 낳는다."라고 말했습니다.

한 번은 마틴 로이드 존스(Martyn Lloyd-Jones)가 R.T 켄달(Kendall)에게 이렇게 말했습니다.

"나는 미성숙한 상태에서의 성공이 어떤 사람에게 일어날 수 있는 가장 위험한 일들 가운데 하나라고 생각합니다."라고 바울이 사도로서 부르심을 받았을 때는 안디옥에서 그 사역에 임하기 11년~13년 전 어느 곳에서였습니다(사도행전 13:1~4).

그는 그 기간 동안 많은 시간을 광야에서 보냈습니다. 거기서 그는 자기의 삶에 대한 하나님의 목적이 계시되기를 구했고 그리고 자신이 전하게 될 복음을 더 깊이 이해하게 되기를 구했습니다 (갈라디아서 1장). 그는 단지 뒤로 물러나 있지 않았고, 그는 기다렸던 것입니다. 그는 자신에게 주어진 시간을 준비하는데 사용했습니다. 이것이 바로 많은 사람들에게 부족한 것입니다. 그래서 실패하게 됩니다.

안달하고 초조해하는 대신, 우리는 우리의 소명을 위해 준비하도록 우리에게 주어진 모든 시간들에 대해 우리는 감사해야 합니다. 그리고 또한 우리는 시간의 모든 부분 부분들을 지혜롭게 사용해야 합니다.

이것이 바로 우리의 사역에서 질과 열매맺음을 결정하게 될 것입니다.

아마도 스타 운동선수들, 음악가들, 예술가들, 또한 어느 분야에서든 뛰어난 전문가들과 재능을 가지고 있으면서도 옆으로 물러나 앉아있는 사람들 사이의

제 8 부 당신의 목적을 성취하라.

가장 큰 다른 점은 훈련과 연습, 그리고 준비에 대한 헌신의 정도입니다.

이런 옛날 속담이 있습니다. "계획하는데 실패한 사람은 실패하는 계획을 세운다."

계획을 세운다는 것은 영적이지 않다고 하는 교묘한 기만이 그리스도의 몸의 커다란 부분들 속으로 은밀히 들어왔습니다.

많은 사람들이 당신이 만약 앞으로 무엇을 해야 할 것인지 미리 안다면, 하나님께서는 그 일속에 계시는 것은 불가능하다고 실제로 추측하여 단정해 버립니다.

이것은 참으로 놀랄만한 일입니다. 왜냐하면 우리는 하나님의 성품을 본받는 것으로 되어 있는데, 계획 세우는 것의 결여는 하나의 근본적인 성품에 깊이 반대되기 때문입니다.

사실, 하나님의 계획에 대한 계시는 그분의 성품들 가운데 가장 영광스런 계시들 중 하나입니다. 예수님은 세상의 기초가 놓이기 전에 십자가에 못 박히셨습니다. 그리고 우리는 세상이 시작되기도 전에 하나님의 부르심을 받았습니다. 이것이 바로 계획을 세우는 것입니다!

우리가 만약 그분을 닮아가고 있다면, 계획을 세우는 일이 우리의 가장 위대하고 숙달된 기술들 중 하나가 되어야 합니다.

드문 경우에 어떤 사람은 계획을 세우지도 않고 어떤 중요한 일을 성취해 왔습니다.

계획을 세우는 우리의 능력수준은 우리가 성취해야 할 일의 중요성을 결정하는데 중요한 요인이 될 것이라고 주장되어질 수 있습니다.

계획을 세우는 것은 성령의 역사에 반대되는 것이라는 정신적 태도를 가진 많은 사람들이 단순한 인간의 미성을 따라 계획을 세우는 사람들이나 심지어 하나님과 의논함도 없이 만들어진 계획들에 대해 과잉반응을 보이는 것은 사실입니다.

비록 그렇다 할지라도 이러한 과잉행동과 적절히 계획을 세우는데 실패하는 것은 의심할 바 없이 훨씬 더 교회에 황폐를 초래해 왔습니다.

◆ 네 번째 요인 :

우리는 해결지향적인 사람들을 우리 주변에 있도록 해야 한다.

성공적인 지도자들이 지도자의 위치에 서게 되었을 때 가장 먼저 처리해야 하는 일들 중 한 가지는 해결책에 대해서 이야기하기 보다 문제점에 대해 이야기하는데 더 많은 시간을 보내는 자들을 모두 제거해버

제 8 부 당신의 목적을 성취하라.

리는 것입니다.

이것이 주 예수님께서 친히 장래의 지도자들이 될 사람들의 믿음을 개발시키면서 자기의 시간을 그토록 많은 시간을 보내셨던 이유가 아닐까요? 그리고 또한 이것이 "믿음 없이는 그분을 기쁘시게 할 수 없는" 이유입니다 (히브리서 11:6).

그랜트(Grant)장군이 남북전쟁(Civil War) 당시에 북군(Union Army)의 지휘자가 되었을 때, 북군은 이미 리(Lee) 장군과 남군(Confederate Army)에 의해 많은 패배의 고통을 경험해 왔습니다. 북군의 장교들과 병사들은 패배에 너무나 길들여져 있었기 때문에 그랜트 장군이 처음으로 리 장군에 대항하여 출정했을 때 심지어 그랜트 장군 자신의 휘하에 있는 몇몇 부관들까지도 그가 패배할 것을 예언했습니다. 그랜트 장군은 그들을 즉각 파면시켜 버렸습니다. 그리고는 윌더니스(Wilderness)에서 리 장군과의 첫 번째 전투가 벌어졌지만, 모든 사탄들로부터 패전의 소식이 들어왔습니다. 하루종일 그의 장교들은 리 장군이 퇴각로를 차단해버리기 전에 안전을 위해 워싱턴으로 후퇴하자고 간청했습니다.

결국 그랜트 장군 자신에게도 그 전투에서 패했다는 사실이 분명해졌을 때, 그는 남쪽으로 돌아와서 리치몬드를 공격하라는 명령을 내림으로써 모든 사람들을 깜짝 놀라게 했습니다.

그랜트 장군의 휘하에 있는 장교들은 그랜트 장군이 미쳐버렸다고 생각하면서 그랜트 장군에게 리치몬드 공격을 재고해 달라고 간청했습니다. 그랜트는 그들도 파면해버리고, 혼자서 자신의 막사로 돌아왔습니다.

그는 어떤 점에서 자신이 속한 군대가 불운한 것처럼 보이지 않았던 전장에 참여했던 적이 없으며, 그러나 그는 모든 위기에는 또한 기회가 있다는 사실을 믿었다고, 어느 기자에게 자신의 속내를 털어놓았습니다.

그랜트 장군은 리가 정말 자신의 퇴각로인 워싱톤 북쪽을 차단하려 시도하려고 하는 것인지를 숙고했을 때, 그것이 실제로 다른 모든 북군 장군들이 시도했지만 실패했던 일을 할 수 있는 기회를 자신에게 주게 된다는 사실을 깨달았습니다.

그는 자기의 군대를 리 장군의 군대와 리치몬드 사이에 둘 수 있을 것이고 그렇게 되면 남군의 수도를 향해 진격할 수 있는 것이었습니다.

월더니스 전투에서 그랜트의 "패배"는 가장 위대한 기회의 문을 그에게 열어주었습니다. 그리고 그는 그것을 포착했습니다.

제 8 부 당신의 목적을 성취하라.

리 장군은 그랜트가 퇴각하지 않고, 오히려 그의 군대는 계속 진군한다는 소식을 들었을 때 그는 남군의 끝이 가까워졌다고 그는 공언했습니다.

북군이 남쪽으로 행진하기 시작했을 때, 북군의 모든 진영으로부터 환호성이 터져 나왔습니다. 이제야 처음으로 그들은 싸우려고 하는 장군을 갖게 되었습니다.

리는 몇몇 전투에서 그랜트를 패배시켰지만, 그러나 그랜트는 결코 한번도 퇴각을 고려하지 않았습니다. 그는 패배주의자의 말에 단 한번도 주의를 기울이지 않았습니다.

그는 어쩌면 리 장군에 대항하여 단 한번도 완전하게 승리하지 못했는지도 모르지만, 그는 전쟁에서 승리할 때까지 그의 진군을 계속했습니다.

모든 성공적인 지도자들이 이해하고 있는 기본원칙들 가운데 하나는 이것입니다. 만약 당신이 목표를 성취하려고 한다면 당신의 지도부에서 해결책보다는 문제점에다 더 초점을 맞추는 자들을 제거해야 합니다. 이것이 가데스 바네아에서의 열 정탐꾼들의 원칙입니다(민수기 13장). 이 열 명의 정탐꾼들의 악하고 부정적인 보고의 대가는 그들의 세대 전체가 자신들의 상속 재산을 취하지 못하게 된 것이었습니다.

만약 당신이 당신의 스텝이나 팀에 있는 그런 사람들을 변화시키거나 마음을 바꿀 수 없다면 당신은 그들을 반드시 제거해야 합니다. 그렇지 않으면 그들이 당신으로 하여금 동일한 대가를 치르게 할 것입니다.

◆ 다섯 번째 요인 :

우리는 장애물과 반대가 우리를 멈추지 못하도록 해야 합니다.

사람들이 그들의 삶에서 비범한 성취를 이룰 수 있도록 도와 준 요인들 가운데 어떤 것들은 통제되어질 수 있지만, 어떤 것들은 통제되어질 수 없습니다. 가령 열심히 일하는 것, 목표를 정하는 것, 계속해서 목표에 초점을 맞추는 것과 그 것들을 성취하기 위해 필요한 재원들을 모으는 일등은 통제할 수 있는 것들입니다.

그러나 아마도 인간이 성취하는 가장 높은 수준의 것을 풀어내는데 가장 위대한 한 가지 요인은 우리가 통제할 수 없는 것인데, 대개 우리는 그것을 피할 수 있는 모든 일을 할 것입니다. 그 요인은 역경(adversity)입니다.

성경에 나오는 주님의 모습들 중 하나는 독수리의 모습입니다. 자연에 있는 모든 것들이 폭풍우를 두려

제 8 부 당신의 목적을 성취하라.

위하지만 독수리는 그렇지 않다는 말을 우리는 들어왔습니다. 만일 어떤 새가 적절할 각도로부터 불어오는 역풍을 만나면 그 역풍은 그 새를 더 높이 날 수 있도록 도와줍니다. 독수리는 일찍부터 이것을 배웁니다. 그리고 가장 높은 곳에 도달하기 위해 그런 역풍들을 사용합니다. 이것은 영적으로 더 높이 오르기를 배우는 사람들에게 있어서도 동일한 원칙이 적용됩니다. 만약 당신이 올바른 태도와 적절한 각도로 그것에 접근해갈 때면 모든 역풍은 더 높이 오를 수 있는 기회가 됩니다.

성취에 대한 주요한 속임수는 어떤 사람들이 성취자들이 될 수 있도록 허용하는 것은 그들이 호의적인 환경을 가졌기 때문이라는 믿음입니다. 이런 핑계를 변명거리로 사용하는 것은 많은 사람들이 실패하는 주된 이유들 중 하나입니다.

레기 화이트(Reggie White)나 샤운(shawn) 그리고 거의 모든 다른 내쇼널 미식 축구 리그 (NFL:National Football League)의 선수들이 겪어야했던 장애물들은 다른 이들이 맞닥뜨려 싸워야 했던 장애물만큼 크거나 또는 그 것보다 더 컸습니다.

그들에게 특별한 해결책이 주어지지도 않았습니다. 어떤 분야에서건, 특별한 해결책이 주어졌던 성취자는 거의 없습니다.

사실 위대한 재능이 있는 사람들에게 어떤 특별한 해결책이 주어지는 경우, 그 해결책이 오히려 종종 그들로 하여금 자신들의 참된 잠재력을 충분히 발휘하는데 역효과를 초래하도록 합니다.

알렉산더 솔제니친(Alexander Solzhenitsyn)은 언젠가 "심지어 생물학조차도 영속적인 복리(well-being)는 어떤 피조물들에게도 좋지 않다는 사실을 우리에게 가르쳐준다."는 것을 관찰했습니다.

역경은 아마도 어떤 다른 단일 요인보다 우리의 발전을 위해 더 많은 것들을 해줄 것입니다.

역경은 우리로 하여금 초점을 유지하고, 필수적이지 않은 것들을 제거하고, 필수적인 것들에 헌신하도록 도와줍니다.

역경은 진실로 헌신된 사람들을 더 열심히 일하게 하고, 그렇게 함으로써 그들을 더 강하게 만들 것입니다. 만약 성공이 너무 쉽게 온다면, 우리는 더 약해질 것입니다.

2. 이것은 마술이 아닙니다

나는 골프를 즐기는 친구들 가운데서 자신의 시합을 개선시켜 줄 "마술적 치료"를 바라면서 새 골프 클럽이나 공을 사용하는 사람들을 보아왔습니다.

한 유명한 골프 선수가 새로나온 골프 공을 광고하는데서 "당신이 만약 하루에 삼백 개의 공을 친다면 이 공은 당신의 시합을 정말로 개선시켜 줄 수 있습니다!"라고 말했습니다.

그 골프선수가 누군가로부터 "행운의 샷"에 대해 질문을 받았을 때, 그는 "당신도 아시겠지만, 나는 연습을 많이 하면 할수록 행운도 많이 잡게 됩니다."라고 대답했습니다.

우리의 재능과 소명에 대해서도 동일한 사실을 적용할 수 있습니다.

나는 사람들로부터 내가 가지고 있는 것과 동일한 글쓰는 은사를 가지게 되도록 기도해달라는 부탁을 자주 받았습니다.

나에게 있어서 그러한 부탁은 마치 조종사 연습생이 나에게 "조종술의 은사(gift of piloting)"를 나누어달라고 기도해달라고 하는 것과 마찬가지입니다.

여러분은 그런 방법으로 "조종술의 은사"를 얻게

된 누군가가 조종하는 비행기를 타고 싶습니까?

나는 그런 비행기에는 타고 싶지 않습니다. 여러 분은 여러 분이 타는 비행기의 조종사가 최고의 훈련을 받고 그리고 나서 수천 시간에 달하는 비행경험을 가진 사람이길 원할 것입니다.

나는 예언적인 전이(Prophetic impatation)를 믿습니다. 그러나 그것을 진정으로 이해하는 자는 극소수에 지나지 않는다고 나는 생각합니다. 심지어 영적인 은사들도 씨앗으로 전달됩니다.

그리고 그 씨앗들은 반드시 엄청난 인내심과 헌신으로 가꾸어지고 돌보아져야 합니다. 그렇지 않으면 우리는 앞에서 언급했던 조종사 연습생만큼 위험하게 될 것입니다.

나는 사람들이 은사를 가지도록 단지 그들을 위해 기도만 해주고 그들에게 "성숙할지어다!" 하로 명령만 해주고 싶습니다. 그러나 그것은 내가 성경 어디에서도 결코 찾아 볼 수 없었던 한 가지 기적입니다.

우리 주님께서 말씀하셨듯이, 만일 우리가 지금의 삶에서 우리의 목적을 성취하고자 한다면, 우리는 반드시 우리의 얼굴을 굳게 하고 우리의 운명의 장소인 예루살렘으로 올라가야 합니다(눅 9:51).

가난의 영으로부터 자유

발행일	2003년 09월 05일
8쇄	2024년 10월 04일
지은이	릭조이너
엮은이	김병수
펴낸이	장사경
펴낸곳	Grace Publisher(은혜출판사)

주소 서울특별시 종로구 종로 65길 12-10
전화 (02) 744-4029 **팩스** 744-6578
출판등록 제 1-618호.(1988. 1. 7)

ⓒ 2014 Grace Publisher, Printed in Korea
   ISBN 89-7917-547-7   04230
   ISBN 89-7917-487-X   (세트)

이 출판물은 저작권법에 의해 보호를 받는 저작물이므로 무단 전재와 무단 복제를 할 수 없습니다.